Untergiesing

Willibald Karl

unter Mitarbeit von Liane Reithofer und Thomas Schwarz

Untergiesing
Am Wasser gebaut

Volk Verlag München

Das vorliegende Stadtteilbuch „Untergiesing – am Wasser gebaut" wurde vor allem mit dem Dokumenten- und Bildarchiv des Vereins „Freunde Giesings" e. V.; Stadtteilkulturzentrum Giesinger Bahnhof, Giesinger Bahnhofsplatz 1, erarbeitet.

Drei Bildsequenzen am Ende des Buchs ergänzen die Publikation mit temporären Bildmotiven der Bürgerinitiative und des Kulturforums „Hans-Mielich-Platz" und der Graffiti-Galerie am Candidplatz und seit 2014 mit Bürgeraktionen am Bushalt 54 (Hebenstreitstraße) am Kolumbusplatz.
Neueste Aktion ist die Pflanzung eines Baums zum 100. Geburtstag von Joseph Beuys.

Das Buchprojekt wurde mit Mitteln des Bezirksausschusses 18 (Untergiesing – Harlaching) der Landeshauptstadt München gefördert.

Die Deutsche Bibliothek verzeichnet diese Publikation in der Deutschen Nationalbibliografie; detaillierte bibliografische Daten sind im Internet über https://portal.dnb.de/ abrufbar.

© 2022 by Volk Verlag München
Neumarkter Straße 23, 81673 München
Tel. 089 / 42 07 96 98 - 0, Fax 089 / 42 07 96 98 - 6
www.volkverlag.de

Druck: DZS Grafik, d.o.o., Ljubljana

Alle Rechte, einschließlich derjenigen des auszugsweisen Abdrucks sowie der fotomechanischen Wiedergabe, vorbehalten.

ISBN 978-3-86222-416-6

Inhalt

7	**Vorwort**

9	**... „am Wasser gebaut":** **Mühlen und Edelsitze**
10	**Untergiesing ... „am Wasser gebaut" mit den Ortsteilen Lohe, Birkenau und Birkenleiten**
10	Was war vor dem „neuen" Untergiesing?
11	Die Isar und das Isartal
12	Die östliche Isarau: Mühlen zwischen Marienklause und Wittelsbacher Brücke
12	„Giesinger Mühle" – „Schrafnaglmühle" – „Bäckermühle"
15	Die „Harlachinger Mühl'" – Gewerbe an zwei Standorten
15	Eine Papiermühle wird zur „Kraemer-Kunstmühle"
16	Die ehemalige „Riegermühle" in der Falkenau
18	**Edelsitze des 18. Jahrhunderts in den Isarauen**
18	Vom Hofbediensteten-Krankenhaus zum „Giesinger Irrenhaus"
20	Pilgramsheim
21	Birkenleiten
21	Siebenbrunn
22	Hellabrunn

23	**Die „Giesinger Loh'"**
24	**Die „Giesinger Loh'"**
24	Bildung der „Ruralgemeinde Giesing"
26	Örtlichkeit und Charakter der Lohe
31	Die „Pfründner-Anstalt"
32	Der Loherwirt und seine berüchtigte Kurve
34	Von der Schrafnagl-Mühle zur Bäckermühle
36	Die Lederfabrik
43	Bergregulierungen
45	Eine Szene aus dem Giesinger Alltag in der Loh' 1831

47	**Vom Dorf zur Vorstadt – Untergiesing gewinnt Gestalt**
48	**Der Weg zur Eingemeindung**
52	**Untergiesing gewinnt Gestalt**
53	Distrikte und Straßen
59	„Am Wasser gebaut" – die Isar und ihre Seitenbäche
60	Stadtgärtnerei und Männerfreibad – Sport

65	**Hauptverkehrswege**
66	**Hauptverkehrswege – Brücken**
68	Eisenbahnerschließung jenseits der Isar
71	**Die Eisenbahn zerschneidet das untere Giesing**

73 Die Birkenleiten – ein Industrie-Revier?
- 74 **Die Birkenleiten – Industrierevier oder Villenviertel?**
- 75 „Gründerzeit" am Mühlbach

79 Die Birkenau: Taglöhner, Gänsemäster und Fiaker
- 80 **Die Anfänge der Siedlung Birkenau**
- 82 „Fiakerheim" etc. – Wirtschaften in der Birkenau
- 84 Birkenau Haus-Nr. 12 (vormals 21) Pockmair, Fiaker und Taxler
- 88 Birkenau 25 (vormals 10) „Marmor-Schiffmann"
- 90 Birkenau II – eine Vorstadt-Idylle und ihr Ende
- 92 Krise und Ende der Kleinhaussiedlung Birkenau

95 Erziehungsanstalten und Schulen
- 96 **Erziehungsanstalten und Schulen**
- 96 Kinder-, Jugend- und Sozialbetreuung – das „Marianum"
- 100 Volksschule am Kolumbusplatz
- 103 Volksschule am Agilolfingerplatz

105 Von Gärtnereien zu einer „neuen Birkenleiten"
- 106 **Entstehen und Vergehen der Gärtnereien**
- 109 Weltfirma „Salus" – Ausgangspunkt Schönstraße
- 114 Templer-Kloster und Ukrainische Bischofskirche
- 114 Das Templer-Kloster in der Birkenleiten 35
- 117 Unierte Katholische Ukrainer vom griechischen Ritus Maria-Schutz- und St. Andreas-Kirche an der Schönstr. 55

121 Bauverein, Großdruckerei und „Klein-Venedig"
- 122 **Wohnungsmangel – der „Giesinger Bauverein"**
- 122 Gründung des Bauvereins – erste Bauaktivitäten
- 124 Zwangspause durch Weltkrieg und Inflation
- 124 Ab 1924: Giesinger Bauverein und öffentliche Hand
- 125 Eingriffe in NS-Zeit und Zweitem Weltkrieg
- 126 Wiederaufbau und Wirtschaftswunder
- 126 Untergiesing wird Pfarrei – St. Franziskus
- 132 **Glanz und Ende der Großdruckerei Thiemig**
- 136 **„Klein-Venedig" am Mühlbach – das Quartier an der Mondstraße**
- 137 Die Mariannen-Apotheke
- 138 Thomas R. und die „Bachauskehr"
- 139 Reste eines Herbergen-Ensembles

141 Untergiesinger Köpfe und „a Giasinga G'wachs"
- 142 **Untergiesinger Köpfe**
- 144 **A „Giasinga G'wachs"**
- 150 Und nochmal: Untergiesing und „die Blauen"

151 „Mehr Platz zum Leben": Bürger initiativ
- 152 **Maibaumverein und „Mehr Platz zum Leben"**
- 152 Hans-Mielich-Platz – „Mehr Platz zum Leben"
- 155 IG HMP und „Kunstforum" – Orte, Gelegenheiten, Aktionen
- 156 CANDIDPLATZ – Grafitti-Galerie des „Kunstforums
- 158 KOLUMBUSPLATZ – vorher/nachher – Bürgeraktion der BI und des Kunstforums an Unterführung und Bushaltestelle

160 Quellen und Literatur
- 160 Weiterführende Literatur
- 160 Belege aus dem Internet
- 160 **Bildnachweis**

Vorwort

Bald nach der Einrichtung eines „Stadtbereichszentrums Ost" der Münchner Volkshochschule in der Zehentbauernstraße 9 in Obergiesing begann mit einem dortigen Arbeitskreis für Stadtteilgeschichte im Jahr 1977 die Sammlung von Bilddokumenten und Teildarstellungen zur Geschichte Giesings.

Die Festschrift „Au – Giesing – Haidhausen. 125 Jahre bei der Stadt München" wurde im Jahr 1979 von den entsprechenden Bezirksausschüssen gemeinsam herausgegeben. Giesinger Vorreiter waren dabei als Autoren der Pädagoge Johann Peter Weigel und der Architekt Franz Peter, letzterer mit einem wegweisenden Beitrag über die „Herbergen in der Lohe". Am Ende des Jubiläumsjahrs entstand nach der ersten Stadtteilkulturwoche des Münchner Kulturreferats der Verein „*Freunde Giesings e. V.*", der den Volkshochschul-Arbeitskreis für Stadtteilgeschichte in Gänze bei sich aufnahm.

Stadtteilgeschichtliche Ausstellungen wurden neben Kunstausstellungen ein Markenzeichen des neuen Vereins. Naheliegend war eine Doku-Ausstellung über „60 Jahre Revolution von 1918/19" und „Herbergen in der Lohe", wofür das Material durch Franz Peter schon bereitlag. Es folgten 1986 „Alte Giesinger Wirtschaften". Parallel entstanden die Zeitzeugenberichte der Giesingerinnen Maria Stein, Maria Klein und Maria Brunnbauer unter Leitung von Karin Dreher in dem Band „Verdunkeltes München – Lesebuch zur Geschichte des Münchner Alltags" im Rahmen des Geschichtswettbewerbs 1985/1986 des Kulturreferats.

Dann galt es für das Großjubiläum „1200 Jahre Giesing" im Jahr 1990 einen größeren Wurf ins Auge zu fassen: Ausgehend von einem Entwurf von Willibald Karl und Johann Peter Weigel entstand durch Thomas Guttmann als Herausgeber mit einem größeren Autorinnen- und Autorenkreis – Hildegard Adam, Herbert Dandl, Günther Dieffenbach, Manfred Döberreiner, Reinhard Falter, Willi Hanseder, Gerhard Neumeier, Irmtraud Permoser, Franz Peter und Silke Radloff – das Stadtteilbuch „Giesing – vom Dorf zum Stadtteil" beim Buchendorfer Verlag. Der Verleger Tilmann Roeder wurde zu einem günstigen Preis genötigt: „D' Giasinger san' arm!" Das Buch wurde samt zugehöriger Ausstellung zu einem Riesenerfolg und erlebte vier Auflagen mit an die 15.000 verkauften Exemplaren. Mit einem leicht veränderten Autorinnen- und Autorenstamm brachte Thomas Guttmann 1993 beim nämlichen Verlag den Folgeband „Unter den Dächern von Giesing. Politik und Alltag 1918–1945" und 1998 als Einzelautor den Band „Giesing und die Eisenbahn" heraus. Letzterer firmierte unter „Schriftenreihe des AktionsMuseums im Verein Freunde Giesings Band 1" unter der Herausgeberschaft von Hildegard Adam und Thomas Guttmann. Das AktionsMuseum und damit die Schriftenreihe fanden aus finanziellen Gründen keine Fortsetzung.

Diese ergab sich erst 2004 zum 150. Jahrestag der Eingemeindung durch das Bändchen „Giesing – Bauern, Bach und Berg" beim Buchendorfer Verlag mit Beiträgen von Heinz Haftmann, Alfons Scharf und Willibald Karl, mit letzterem als Herausgeber. Dort – jetzt „München-Verlag" – erschien 2011 auch ein Führer über den Ostfriedhof, den Willibald Karl nach Vorarbeit von Erika Weinbrecht abgefasst hatte. Die Folgejahre waren gekennzeichnet durch mehrere kleinere Ausstellungen im Kurt-Mahler-Saal des „Stadtteil-Kulturzentrums Giesinger Bahnhof", das mittlerweile in die Trägerschaft des Vereins Freunde Giesings e. V. übergegangen war. Aus zwei biographisch orientierten Ausstellungen war schon 2008 das Bändchen „Giesinger Köpfe" mit 50 Giesinger Lebensskizzen entstanden, herausgegeben von Willibald Karl bei Mitarbeit von Heinz Haftmann und Willi Hanseder im Volk Verlag. Ergebnis dieser Arbeit waren neue Quellenfunde. Zu den Lebenserinnerungen des früheren Bäckermeisters und Kirchenpflegers Josef Scharrer traten Teile der Tagebücher des AGFA-Werkobermeister und späteren BA-Vorsitzenden von Obergiesing Franz Eigl und – besonders ergiebig – die umfangreiche Bestandsaufnahme „Die Vorstadt Giesing"[1] aus dem Jahr 1883 von Anton Gaiser, dem ersten städtischen Bezirksinspektor von Giesing. Diese Schrift kann als erstes „Giesing-Buch" bezeichnet werden, hatte der Autor seiner handschriftlichen Aufzeichnung doch zahlreiche eigenhändige Bleistiftzeichnungen hinzugefügt. Darauf speziell darf – mit besonderem Dank an den Urgroßneffen und jetzigen Besitzer Herrn Ernst Frey – in der vorliegenden Publikation vielfach zurückgegriffen werden.

Ein umfangreiches Zeitzeugenprojekt mündete 2013 in die Ausstellung mit Begleitbuch „Amis in Giesing" (Volk Verlag). Damit haben Willibald Karl und Karin Pohl einige Kapitel der Nachkriegszeit aufgeschlagen. Im gleichen Jahr erschien im Allitera Verlag von Heinz Haftmann „Das Dorf Obergiesing. Eine Chronik der bäuerlichen Anwesen und ihrer Besitzerfamilien" und zwei Jahre später vom gleichen Autor als Privatdruck herausgegeben die „Chronik von Obergiesing – aufgezeichnet von Johann Nepomuk Silberhorn, Pfarrer in Obergiesing 1819 – 1842".

Man sollte meinen, dass damit die Geschichte Giesings erschöpfend behandelt worden sei, hätten nicht die oben genannten „Neufunde" und die zahlreichen 100-Jahre-Jubiläumsschriften der letzten 20 Jahre anderes gelehrt. Auch war zunehmend deutlich geworden, dass das vor 100 Jahren entstandene „neue Untergiesing" als Stadtviertel mit seinen alten Ortsteilen Lohe, Birkenleiten und Birkenau in den bisherigen Darstellungen zu kurz gekommen war. Dem soll diese Publikation Abhilfe verschaffen, indem es gerade die nichtbäuerlichen Aspekte der Entwicklung Giesings aufgreift und deren Darstellung bis an die Grenze des verflossenen Jahrhunderts fortführt.

Dabei haben die schon genannten Mitstreiter aus dem Geschichtsarbeitskreis des Vereins „Freunde Giesings e. V." ebenso geholfen, wie in der vergangenen Generation dessen Vorstände mit Kurt Mahler (†), Dr. Klaus Hahnzog und Horst Walter. Eine wichtige Rolle spielte dabei auch der langjährige stellvertretende Vorsitzende Wolfgang Senninger an der Spitze, nicht zu vergessen die jüngst verstorbene „Seele Obergiesings", Inge Hügenell. Es konnten dafür aber auch zahlreiche neue „Zuträger" von Text- und Bildmaterial gewonnen werden. An erster Stelle ist zu nennen Liane Reithofer, die etliche Recherchen – auch Zeitzeugen-Interviews – selbständig besorgt hat, Dr. Herbert Dandl für das Bildmaterial aus dem VFG-Archiv, Thomas Schwarz für zahlreiche, auch aktuelle „Bildhilfen". Last but not least aber hat Melly Kieweg den Zugang zu Text und Bild der *Bürgerinitiative Mehr Platz zum Leben* und des daraus entstandenen „Kunstforums Hans-Mielich-Platz" eröffnet, der diese Publikation in besonderer Weise bereichert.

März 2022
Dr. Willibald Karl

---

1 Anton Gaiser: Die Vorstadt Giesing. München 1883 (Handschr., im Privatbesitz; Transskript im Archiv der „Freunde Giesings" e.V.)

… „am Wasser gebaut":
Mühlen und Edelsitze

Untergiesing ... „am Wasser gebaut" mit den Ortsteilen Lohe, Birkenau und Birkenleiten

Was war vor dem *neuen* Untergiesing?

Die Bezeichnung *Untergiesing* für die Niederung zwischen der Hangkante von Obergiesing bis Harlaching im Osten und der Isar im Westen ist erst seit der Neugliederung der Münchner Stadtbezirke von 1909 gebräuchlich. Damals wurde die Gemarkung von Giesing in zwei neue Stadtbezirke „Obergiesing" und „Untergiesing-Harlaching", heute Stadtbezirk 17 und 18, aufgeteilt. Der Name des 17. Stadtbezirks wurde im Jahr 2011 zu „Obergiesing-Fasangarten" ergänzt.

Vorher bildete die Niederung mit ihren Siedlungskernen Lohe, Birkenleiten, Siebenbrunn und Hellabrunn, seit 1818 auch mit Harlaching samt Menterschwaige und neueren Siedlungen – wie etwa seit Ende der 1830er-Jahre der Birkenau – eine Einheit mit dem alten Bauerndorf (Ober-)Giesing. Von 1812–1854 trug diese Gesamtheit den Gemeindenamen „Ruralgemeinde Giesing", nach der Eingemeindung nach München im Jahr 1854 „Vorstadt Giesing".

Vor 1800 war der Name *Untergiesing* oder *Niedergiesing* – auch auf Landkarten – für eine kleine bäuerliche Ortschaft am Nockherberg gebräuchlich, die nur aus 3 bis 4 Bauernhöfen und einigen Kleinanwesen bestand. Der Name kommt daher, weil die Ortschaft isarabwärts, also nördlich des – mit rund 60 Anwesen – großen Dorfs (Ober-)Giesing lag. Sie wurde 1808 als Stadt 3. Ordnung der Au einverleibt und mit dieser als „Vorstadt Au" ebenfalls 1854 nach München eingemeindet.

Das „neue" *Untergiesing* in der Isarniederung dagegen war kein Dorf, auch keine geschlossene Ortschaft mit einem Kern. Es hatte weder eine Kirche oder Kapelle noch eine Schule, sondern es hat sich erst im 19. Jahrhundert aus älteren und neueren Einzelanwesen und Siedlungen gebildet.

Urkundlich als erstes, nämlich im 10. Jahrhundert, erwähnt ist eine Giesinger Mühle, deren Existenz aber sicher früher angesetzt werden kann, weil das Bauerndorf Giesing auf das 6. Jahrhundert zurückgeht. Dies haben die Funde eines bajuwarischen Friedhofs am Giesinger Berg und an der Tegernseer Landstraße erwiesen. Und wo sich über Generationen Getreideanbau entwickelt, darf auch eine Mühle angenommen werden.

Aus der ersten Freisinger Bistumsbeschreibung, den Konradinischen Matrikeln des frühen 14. Jahrhunderts, ist ersichtlich, dass Giesing eine Heilig-Kreuz-Kirche – vielleicht bereits aus Stein – hatte, die als Filiale zur Pfarrei Bogenhausen gehörte. Im 15. Jahrhundert erhielt das Dorf einen ansässigen Priester („Kooperator"), der dem Bogenhauser Pfarrer unterstellt war.

Mit dem Wachstum Münchens im späten Mittelalter und der frühen Neuzeit verstärkte sich im 15. und 16. Jahrhundert auch in der von Hochwassern gefährdeten Isarniederung die bauliche Entwicklung. Gegenüber der nicht regulierten Isar bot der näher am Steilhang des Hochwasserbetts gelegene, mit Wasserwehren, Überwasserkanälen und Uferverbauungen versehene, also „regulierte" Mühlbach eher relativ sichere Ansiedlungsmöglichkeiten für Gewerbe und in dessen weiterem Umfeld auch für Wohnbebauung. Hier ließen sich die für Münchner Großbaustellen notwendigen, aber im inneren Gewerbegefüge der Handwerkszünfte unerwünschten Taglöhner und Handwerker in Behelfsbauten, später Blockhäusern nieder. Daraus entstanden durch Teilungen und Anbauten zahlreiche sogenannte Herbergen, geteiltes Hauseigentum unter einer Dachtraufe, eine typische nichtbäuerliche und nichtdörfliche suburbane Bau-, Wohn- und Lebensweise ohne Scheunen und bäuerliche Wirtschaftsgebäude, lediglich mit Kleintierställen, Schupfen und Holzlegen. Nach ihrer Lage in der Isarniederung wurde diese wilde Siedlung „die Au" genannt. Sie war zunächst keine eigenständige Gemeinde, hatte keine eigene Kirche und gehörte zu Giesing, pfarrlich damit nach Bogenhausen. In der Giesinger Heilig-Kreuz-Kirche wurden Gottesdienste abgehalten und Sakramente (Taufe, Hochzeit) gespendet. Auf dem Giesinger Friedhof wurden die Auerinnen und Auer beerdigt, da wegen der Hochwasser in der Niederung kein Friedhof angelegt werden konnte und durfte.

Am Mühlbach selbst, für den der Name „Auer Mühlbach" gebräuchlich wurde, entstanden immer mehr Gewerbebetriebe, die als Mühlen oder Hammerwerke die Wasserkraft nutzten. Zu den Getreidemühlen in Giesing und Harlaching traten Papiermühlen, Kugel- und Ölmühlen und dergleichen. Die Gewerbentwicklung hatte eine weitere Siedlungstätigkeit zur Folge, die sich Mühlbach aufwärts nach Süden in den lichten Auwald („Lohe") entwickelte. Aus der Siedlungsverdichtung unterhalb des Giesinger Bergs zwischen Berghang, Mühlbach und Umgebung gingen die zum Bauerndorf Giesing gehörigen Ortschaften „Lohe" und „Falkenau" hervor.

Eine bedeutende Aufwertung erfuhren die Isarauen durch die Errichtung des herzoglichen Jagdschlosses Neudeck und die dort gepflegte Falkenjagd („Falkenau") sowie durch Verbesserung des Straßen- und Bachausbaus die Isar aufwärts bis in die Höhe von Harlaching im 16. Jahrhundert. Durch Herzog Wilhelm V. erhielt die Au ein Kloster beim Jagdschloss Neudeck, das zunächst von Basilianer-, bald von Paulanermönchen besiedelt wurde. Unter seinem Sohn Maximilian I. wurde die Au zur Pfarrei erhoben (1626; Pfarrkirche St. Karl Borromäus). Samt dem jetzt dieser Pfarrei unterstellten Giesing und den kleineren Zugehörigkeiten (Falkenau, Niedergiesing, Harlaching) wurde sie aus dem Pfarrsprengel Bogenhausen ausgegliedert. Die neuen Pfarrrechte lagen bei den Paulanern.

Kurz vor der Wende zum 18. Jahrhundert war das Hofbediensteten-Krankenhaus von Bogenhausen in die Isarau unterhalb des Giesinger Bergs verlegt worden. Die Geldnöte der Kurfürsten führten in diesen Jahrzehnten zur Begründung von Adelssitzen mit eigenen Gerichtsrechten isaraufwärts: Falkenau (1723), Birkenleiten (1736/45), Siebenbrunn (1750), Hellabrunn (1754), Pilgramsheim (1784).

Mit den Gemeindeedikten des Ministers Maximilian von Montgelas (1808 und 1818) und der Landesvermessung entstanden im Königreich Bayern neue politische Gemeinden. Die ursprünglich 1818 mit den Ortschaften Geiselgasteig, Harthausen, Hellabrunn, Laufzorn, Siebenbrunn und Wörnbrunn gebildete Gemeinde Harlaching wurde im gleichen Jahr, weil zu klein und „unorganisch", zwischen Grünwald, Oberhaching und Giesing wieder aufgeteilt.

Die Isar und das Isartal[1]

Erdkundlich gesehen ist die Isar und ihr Flussbett in Entstehung und Gestalt das Ergebnis der letzten beiden Eiszeiten. Im Untergrund liegen die Ergebnisse der Abtragung und Ablagerung von Alpenschutt im Tertiär, dem „Erdmittelalter". Diese vor 20 bis 10 Millionen Jahren abgelaufenen Prozesse haben in schier ewiger Reibung aus Gestein Sande, Tone und Mergel gemacht und sich zur sogenannten „Süßwassermolasse" verfestigt. Der „Flinz", gelbgrüne und blaugrüne Flinzsande und Flinzmergel, deren reichen Glimmer man die Herkunft aus dem Alpengranit ansieht, bilden eine dichte, d. h. Wasser stauende Bodenschicht, einen Grundwasserhorizont, der im ansteigenden Gelände Hang-

... „AM WASSER GEBAUT": MÜHLEN UND EDELSITZE

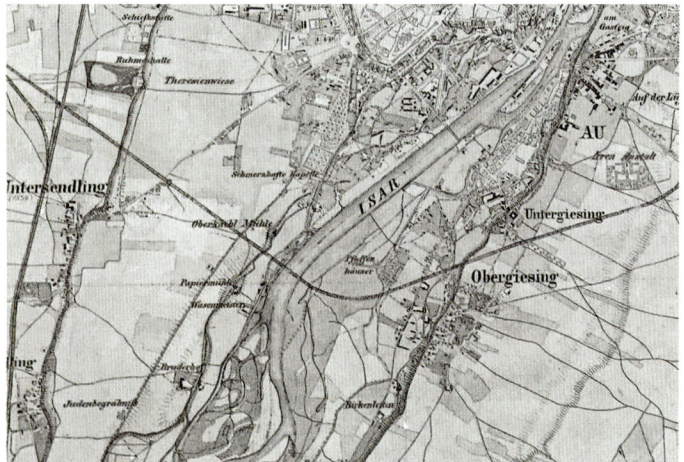

Kartenausschnitt: Das Isartal zwischen Sendling und Giesing um 1860. Nach der Eingemeindung, vor dem Bau der Braunauer Eisenbahnbrücke und der Wittelsbacher Brücke. Entnommen aus Gebele, Stadtgeschichtlicher Atlas Münchens.

quellen – etwa an der Leite zwischen Harlaching und Giesing – hervortreten lässt.

Unterhalb der Menterschwaige und von Harlaching und dem gegenüberliegenden Großhesselohe und der Ludwigshöhe weitet sich das Isartal. Der Fluss tritt aus der Enge der Nagelfluhwände, die an Engstellen weniger als 50 Meter voneinander entfernt sind, hervor und ergießt sich in die Münchner Schotterebene: Das Isarbett zwischen Giesing und Thalkirchen hat eine Breite von mehreren hundert Metern. In diese nordwestlich abfallende Ebene hat der Fluss in den letzten 30.000 bis 20.000 Jahren weiter Millionen von Kubikmetern Gesteine, Geröll, Kies und Sand transportiert und immer wieder umgewendet und umgelagert. Je nach Jahreszeit und Wasserstand, Hoch- und Niedrigwassern, Warm- und Kaltzeiten hat der Fluss sein Bett geformt, seine Fließrichtung geändert, Kiesbänke, Inseln, Seitenarme, Bäche und Altwasserseen entstehen

lassen und sie bei nächster Gelegenheit – dem nächsten Hochwasser – abgetragen, weggeräumt, umgeformt und an anderer Stelle neu gebildet.

Die Grenze zwischen Wasser und festem Boden blieb unsicher, war ein breiter Saum, der Floßfahrt mit Menschen- und Gütertransport, Fischfang, Wasservögel und andere Tierarten in gleichem Maße begünstigte wie die Vegetation mit Gesträuchen und wasserliebenden Gehölzen wie Weiden, Birken und den lichten Lohwald. Die Isarau war eine Übergangszone zwischen ungebändigter Naturgewalt und menschlichem Kultivierungsbemühen.

Die östliche Isarau: Mühlen zwischen Marienklause und Wittelsbacher Brücke

Seit dem frühen Mittelalter ist die östliche Isarau zwischen dem heutigen München, seinem Stadtzentrum und seiner südlichen Stadtgrenze geprägt durch den Mühlbach und das Steilufer östlich davon: die Isarleite mit – von Süden nach Norden – dem Harlachinger Berg, dem Giesinger Berg und dem Nockherberg. Seither wurde das ursprünglich mit Wurten (Flussverbauungen) und Wehren aus der Isar abgeleitete und durch Hangquellen ergänzte Wasser des Mühlbachs durch Mühlen genutzt.

„Giesinger Mühle" – „Schrafnaglmühle" – „Bäckermühle"

Die älteste schriftliche Überlieferung geht bei der Giesinger Mühle auf das Jahr 957 zurück: Ein Adeliger namens Wolftregil schenkt eine Mühle unterhalb Giesings („Kiesingenum") mit 12 Jauchert Grund (1 Jauchert ~ 1 Tagwerk ~ 1/3 Hektar) an den Freisinger Bischof bzw. die dortige Bischofskirche. Der Empfänger der Schenkung dürfte schon Bischof Abraham (957 – 993/994) gewesen sein, war doch sein Vorgänger, der bald als Heiliger verehrte Bischof Lantpert

(937–957), am 19. September 957 verstorben. Bischof Abraham wurde zwei Jahre nach dem entscheidenden Sieg gegen die Ungarn auf dem Lechfeld (955) zur machtvollen Gestalt im Stammesherzogtum Bayern der Ottonenzeit: Mitregent der Herzogswitwe Judith und Vormund des jugendlichen Herzogs Heinrich II., bei dessen Aufstand gegen seinen Vetter, Kaiser Otto II., er auf seiner Seite stand. „Heinrich der Zänker" büßte mit sieben Jahren Exil und dem Verlust Kärntens, der Steiermark und Tirols. Abraham kam kurz in Klosterhaft, nahm aber bald darauf Heinrichs Sohn gleichen Namens, den späteren Kaiser Heinrich II., den Gründer Bambergs, in Freising auf. Bischof Abraham ist aus den Quellen, den „Freisinger Traditionen", als besonders aktiver Sachwalter des Kirchenbesitzes durch Tausch- und Arrondierungsgeschäfte bekannt.

Die Mühle war später als bischöfliches Lehen in der Hand verschiedener Adeliger, z. B. am Beginn des 11. Jahrhunderts eines Ritters Orendil. Hundert Jahre später besaß sie ein Edler von Ast, Dienstmann des Dießen-Andechser Grafen Berthold III., des späteren Markgrafen von Istrien (um 1110–1188) und schenkte sie 1164 „samt dem Lehen im Dorf auf dem Berge" an das von Bischof Otto I. von Freising in Schäftlarn im Jahr 1140 als Prämonstratenserstift neu gegründete Kloster. In dessen Besitz blieb die Mühle samt Zugehörigkeit bis zur Säkularisation im Jahr 1803. Seit 1443 wird sie in der Überlieferung immer wieder als „Schrafnagl-Mühle" bezeichnet, wohl nach einer Pächterfamilie Schrafnagl, welche die Mühle möglicherweise über mehrere Generationen im 14. und 15. Jahrhundert innehatte und ihr deshalb ihren Namen „vererbte". In der Bezeichnung „Schrafnagl-Berg" für den steilen Weg von der Mühle über die Isarleite nach Obergiesing hat dieser sich bis heute erhalten. Zu Beginn des 17. Jahrhunderts hat die südöstliche Isarau durch Ansiedlung von Hoffalknerei und

Der Giesinger Berg mit der alten Heilig-Kreuz-Kirche von der Mühlbachstraße aus gesehen. Darunter rechts der alte Loherwirt. Links davon das Pfründtner-Haus. Radierung um 1840.

Hoffischerei am Jagdschloss Neudeck sowie Bachverbau und Straßenbau durch Herzog Wilhelm V. in ihrer Entwicklung außerordentlich profitiert.

Das Kloster Schäftlarn hatte nicht nur all die Jahrhunderte das Obereigentum und damit Pachteinnahmen – „stift und gült" – sondern auch eine Fürsorge für den Bestand der Mühle: Sorge um ordentliche Pächter, Hilfe bei der Instandhaltung – etwa durch kostenlose Stellung von Bauholz – und in Notlagen. Neben der Getreidemühle an der Westseite des Mühlbaches gab es östlich davon, mehr dem Hang zu, auch eine Sägmühle. Vom Wehr oberhalb von Harlaching trifteten alle Gewerbebetriebe entlang dem Mühlbach und in der Au das Nutzholz in schmalen Flößen zu sechs Stämmen bis zur Giesinger Mühle, wo sie an der heute noch sichtbaren „Floßausreit" angelandet und aufgelöst wurden. Einzeln trieben dann die Stämme in flottem Tempo

Bäckermühle (um 1985) während des Baus der Candid-Auffahrt zum Stadion an der Grünwalder Straße. Einige Jahre später wurde die Mühle abgerissen.

Links unten: Inschrift am erhaltenen Turbinenhaus der Bäckermühle am Mühlbach.

> Untätig war des Wassers Lauf, und niemand achtete mehr darauf.
> Hier war die Wasserkraft vergessen, weil von Atomkraft man besessen.
> Was doch der Mensch in stolzem Wahn in der Natur zerstören kann!
> Das möge man bedenken – in Zukunft sollte die Vernunft uns lenken.
> Vergeßt nicht unsere Wasserkraft, und laßt sie uns erhalten –
> das mahnten schon die Alten.
>
> Neuerbauer und Kraftwerksbetreiber
> Günter Tremmel

– 10 Kubikmeter Wasser pro Sekunde ist die Fließgeschwindigkeit! – zu den Gewerbebetrieben bachabwärts, die sie bestellt hatten und die „Lieferung" erwarteten. Dass diese Nutzungsform für die Holzbefestigung der Bachufer („Beschlachtung") nicht eben schonend war, lässt sich denken.

Mit der Aufhebung der bayerischen Klöster („Säkularisation") ab 1802/03 fiel die Giesinger Mühle an das Königreich Bayern, das sie wie zahlreiche andere anfallende Immobilien weiterveräußerte. Zwar betrieben der letzte klösterliche Hintersasse Wagenmüller und danach sein Schwiegersohn Simon Westermayer, der eine Tochter der Müllerin aus erster Ehe geheiratet hatte, die Mühle noch geraume Zeit weiter, aber ab 1820 wurde sie Spekulations- und Anlageobjekt. Zwischen 1827 und 1857 war sie in Händen verschiedener Mitglieder der Bankiersfamilie von Eichthal, der auch die benachbarte Lederfabrik gehörte. Dann ging sie durch verschiedene Hände, bis nach Abriss und Neubau der nunmehrigen modernen „Kunstmühle" durch die Firma Cohn & Bergmeister im Jahr 1882/83 die „Bavaria AG" und 1894 die Münchner Bäcker-Innung Eigentümerin der Mühle wurde. Über 70 Jahre lang wurde in dieser Großmühle Mehl für das Münchner Brot gemahlen. Die ungünstige Verkehrslage und der Bau des Mittleren Rings über den Candidberg, der Wandel hin zu ausgelagerten Großmühlen und Brotfabriken bedeuteten in der Zeit vor der Münchner Olympiade im Jahr 1972 ihr „Aus". Sie wurde abgerissen; an ihrer Stelle steht an der Bergauffahrt ein Bürohaus. An eine über 1000-jährige Giesinger Mühlentradition an diesem Ort erinnert das Turbinenhaus über dem Mühlbach. Ein energiebewusster Privatmann hat es als Atomkraftgegner „der ersten Stunde" vor einer Generation gekauft und produziert dort mit Wasserkraft „sauberen Strom", der in das städtische Stromnetz eingespeist wird.

Die „Harlachinger Mühl'" – Gewerbe an zwei Standorten

Wenig ist über die Mühle unterhalb von Harlaching überliefert. Aber bereits mit der ersten gesicherten Urkunde von Harlaching („Hadaleihingen") als Gutshof des Klosters Tegernsee unter Abt Konrad (1149 – 1155) kann eine Mühle angenommen werden. Welche Größe sie hatte, welche Rolle sie spielte für den Gutshof oder darüber hinaus (Harthausen, Geiselgasteig), ist schwer zu sagen. Ein größerer Einzugs- und Kundenkreis lässt sich nicht vorstellen. Eine Aufzählung der Anwesen im Tegernseer Klostergutsbezirk Harlaching, Urbaramtsbereich Feldkirchen, aus dem Jahr 1290 enthält neben je zwei Huben (Verwaltungsbereich) und Lehen einen „Müller Reicher" und „Mühlenhuber Wernherus". Der mittelalterlich-klösterliche Gutshof ist im Jahr 1511 abgebrannt. Die Liegenschaft ging in den Besitz der bayerischen Herzöge über und wurde in ihre Forst- und Jagdgebiete im Perlacher und Grünwalder Forst integriert. Der stets finanzbedürftige Kurfürst Max Emanuel gab Harlaching im Jahr 1700 an seinen kurfürstlichen Kriegskanzleidirektor Marx (Markus) Christoph von Mayr für treue Dienste. Die Familie von Mayr hatte das Gut fast 100 Jahre inne und Harlaching erlebte vor allem mit dem Schlossbau (1700 – 1710), der erstklassigen Rokoko-Ausstattung der St.-Anna-Kirche (1751 – 61) und weiterreichenden Plänen eine Blütezeit. Mit diesen Vorhaben und Verkäufen in der Isarau scheint auch die Verlegung des Auer Mühlbachs und der Harlachinger Mühle nach Westen einherzugehen. Das stillgelegte Mühlengebäude wurde erst 1905 abgebrochen. Als Ersatz – die Mühlengerechtsame und das Wasserrecht bestanden ja weiter – wurde eine Mühle am neuen Bachlauf errichtet, die noch 1883 als „Angerer'sches Mühlenanwesen" erwähnt ist und vermutlich mit den Gutsgebäuden von Hellabrunn 1903 zum Abbruch kam. Hier entstand nach langen Auseinandersetzungen 1909 der „Tierpark Hellabrunn".

Eine Papiermühle wird zur „Kraemer-Kunstmühle"

Kurz nach der Übernahme von Harlaching erhielt Baron Marx Christoph von Mayr die kurfürstliche Genehmigung, nördlich unterhalb seines Guts in Harlaching am Mühlbach eine Papiermühle zu errichten. Es passte ganz in das damals herrschende merkantilistische Wirtschaftssystem, teure und aufwendige Güter im eigenen Land zu produzieren und Importe zu vermeiden. Die Mühle vererbte sich über mehrere Generationen – Anton, Markus und Ignaz von May(e)r – weiter und wurde 1764 von der Witwe des Marx Christoph von Mayr, Maria Josepha von Mayr, an den Papiermachergesellen Anton Weidenauer verpachtet. Ein späterer Pächter, seit 1810 der Papierwerkmeister Michael Brandmiller, musste den Brand der Mühle am 7. Juni 1811 um ½ 4 Uhr früh erleben. Nach Instandsetzung kaufte er sie schließlich 1828 von Markus von Mayr. Anton Buchner, der schon zur „Auer Wassergenossenschaft" gehörte, heiratete 1853 die Witwe Brandmiller und verkaufte zehn Jahre später die Papiermühle an Karl Kraemer, den Sohn des Pächters der Cannstatter Stadtmühle, welcher sie zur Getreidemühle umwandelte.

Karl Kraemer (1830 – 1910) kann als Industriepionier gelten, der sich nicht nur mit den zeitgenössischen technischen Innovationen auseinandersetzte, sondern seine Mahlwerke nach modernsten Gesichtspunkten, bald auch mit Turbinentechnik – also nach „allen Regeln der Kunst" – ausstattete. Die „Kraemer'sche Kunstmühle" an der Birkenleiten 2 war vier Generationen lang in Familienbesitz. Ende November 1944 war sie nach zwei Bombardierungen völlig zerstört. Der Wiederaufbau unter schwierigsten Bedingungen der Nachkriegszeit dauerte 4 ½ Jahre bis zur

Neueröffnung am 1. Oktober 1949. Sie war eine „Fünf-Boden-Mühle" und hatte damals eine Verarbeitungsleistung von 160 Tonnen Getreide pro Tag (78 % Weizen, 22 % Roggen). Das neue Turbinenwerk am Mühlbach erzeugte eine Leistung von 130 Kilowatt, die später in das städtische Stromnetz eingespeist wurden, woraus die Mühle ihrerseits wieder die konstant zu haltende Betriebsleistung entnahm. Wegen grundlegender Veränderungen auf der Abnehmerseite – Großbäckereien und Brotfabriken einerseits, Reste- bzw. Abfallbeseitigung andererseits – musste die Familie Kraemer die Mühle in der Birkenleiten aus wirtschaftlichen und transportlogistischen Gründen im Sommer des Jahres 2006 schließen. Sie hat über 140 Jahre – zunächst für Giesing und das nähere Umfeld, später für die gesamte Region – Getreide zu Mehl vermahlen und damit die Grundlage für „das tägliche Brot" hergestellt. Die Mahlwerke wurden nach Asien verkauft, das Kundengeschäft an eine Großmühle bei Aichach verlegt.

Nach einigen Jahren haben sich anstelle der alten Mühle neue Nutzungsmöglichkeiten für Investoren aufgetan.

Die ehemalige „Riegermühle" in der Falkenau

Auf der Grenze zur heutigen Au findet sich in der Falkenau zwischen dem ehemaligen Hofkrankenhaus, dem späteren Irrenhaus, der Kolumbusschule und dem ehemaligen herzoglichen Falkenhof, heute etwa in Höhe der Falken- und Taubenstraße, eine weitere Mühle, die dortige „Riegermühle", benannt nach einer Müllersfamilie. Ihr Ruf wurde

Kraemer-Mühle mit Mühlbach vor den Firmengebäuden.

Brandruine der Kraemer-Mühle (1944). Im Hintergrund am Hang ist der Turm der ehem. „Kgl. Krüppelanstalt" (jetzt Landesschule für Körperbehinderte/ Orthopädische Klinik) sichtbar.

mehrmals in Zweifel gezogen, da die Mühlenknechte sich angeblich nicht ordentlich an der Holztrift beteiligt hatten, wodurch die Beschlachtung der Mühlbachufer in Mitleidenschaft gezogen worden sei. Ähnliche Vorhalte wurden bezüglich mangelhafter Enteisung des Mühlbachs gemacht, was zur Überflutung in der Nachbarschaft geführt habe. Die Bebauung in der unmittelbaren Nachbarschaft zwischen Eisenbahntrasse, Überbauung des Mühlbachs (Stadtentwässerungs-Werke) und Expansion der Paulanerbrauerei hat die Mühle um die Jahrhundertwende verschwinden lassen. Den weiteren Gewerken am Auer Mühlbach, die seit dem 19. Jahrhundert in der „Auer Wassergenossenschaft", einer Art Interessengemeinschaft, vereinigt waren, verblieben bis zur Aufhebung noch einige Jahrzehnte Karenz.

---

1 Christine Rädlinger. Geschichte der Isar in München. (Hrsg. Stadtarchiv München). München 2012

Edelsitze des 18. Jahrhunderts in den Isarauen

Neben den Getreide-, Säg- und Papiermühlen am Harlachinger, Giesinger und Auer Mühlbach gab es nach der Regulierung desselben die Anlage einer Hoffischerei südlich des Jagdschlosses Neudeck. Zur Erschließung ihrer Jagdgebiete bauten die bayerischen Herzöge und Kurfürsten des 16. und 17. Jahrhunderts die Verbindung nach Harlaching – Grünwald in der Isarau zur Fahrstraße aus. In den Auen selbst wurde die Niederwild- und Wasservogeljagd namentlich mit Falken betrieben, die am Falkenhof bei Neudeck gezogen, abgerichtet und gepflegt wurden, ein vor allem personell aufwendiges Jagdvergnügen, das die Entstehung des „Falkenhofs" und einer kleinen Siedlung, der „Falkenau", mit den „Jagahäusln" in der späteren Nockherstraße zwischen Isarabhang und Mühlbach hervorrief.

Ähnlich entstand am Ende des 17. Jahrhunderts den Isarhang hinauf und südöstlich durch das Giesinger Oberfeld der Fasanerieweg zur Zuchtstätte „Fasangarten" beim Jagdrevier im Perlacher Forst und auf der Haid' von Perlach.

Die Straße durch die Isarauen begünstigte die Erschließung der dortigen Auwiesen und Ödnis. So entstanden hier im 18. Jahrhundert durch fürstliche Entscheidungen mehrere Niederlassungen. In der Aufklärungszeit wurde die Niederlassung von „Kulturanten" aus dem Adel oder der Beamtenschaft zur „Hebung der Landeskultur", d. h. Steigerung der Bodenerträge durch Urbarmachung und Nutzung von Brachland stark gefördert. Durch die Erteilung von Privilegien floss zusätzlich Geld in die kurfürstliche Staatskasse.

Vom Hofbediensteten-Krankenhaus zum „Giesinger Irrenhaus"

Einem anderen Zweck hatte ein Institut zu dienen, das seine Entstehung – zunächst an einem anderen Ort – dem starken personellen Wachstum des kurfürstlichen Hofs im 17. und 18. Jahrhundert verdankte. Unter verschiedenen Namen war zur Unterbringung von ansteckend Kranken am Isarhang unterhalb von Bogenhausen beim Brunnhaus („Brunnthal") ein entsprechendes Institut entstanden. Man könnte es als eine Art „Isolierstation" bezeichnen. Diese wurde im Jahr 1777 mit einem Neubau und umfangreichen Gartenanlagen zur Selbstversorgung an die Mühlbachstraße unterhalb des Giesinger Bergs (Höhe Kolumbusplatz) verlegt. Da es vor allem bei Anzeichen oder Ausbruch von epidemischen Krankheiten benutzt wurde, war es zu bestimmten Zeiten überfüllt, zu anderen fast leer, was zur Verödung der Anlage führte. Ausführlich berichtete darüber der Arzt und Ortshistoriker der Au, Josef Freudenberger:

„Das kurfürstliche Krankenhaus zu Obergiesing war am 13. Oktober 1777 eingeweiht worden. […] Mangels an Stiftungen hing das Krankenhaus ganz von der Gnade des Hofes ab. Stand je nach der politischen und finanziellen Lage des Hofes bald auf einer hohen Stufe, bald wieder war es schlecht betrieben und verfallen. In seinen guten Zeiten wird es geschildert als ‚in seiner inneren Einrichtung und für ein Krankenhaus wohl gar zu schön, steht aber mehr zur Parade als zum Gebrauch da. […] Für ihre Funktionen in diesem Krankenhause erhielten die Paulaner eine Remuneration (Geldbetrag, Entgelt; Anm. d. Verf.) von 208 Gulden, welche ihnen auch zugebilligt wurde, als später das Krankenhaus in eine Irrenanstalt umgewandelt wurde."

Denn: „Im letzten Fünftel des 18. Jahrhunderts setzte die Bewegung zu menschenwürdigerer Behandlung der Irren, insbesondere zur Befreiung der Tollsinnigen aus den Amts-

und Zuchthäusern, worein sie bisher gesteckt wurden, mächtig ein. Ein allgemeines Tollhaus für das ganze Land soll diese Kranken aufnehmen. 1802 stand das Gebäude als neues *kurfürstl. Irrenhaus* fertig da. Es bestand aus dem Hauptgebäude (die Wohnungen der Kranken, die Hauskapelle, das Wasch- und Badehaus enthaltend) und aus dem Verwaltungs- und Ökonomiegebäude. 1839 wurde noch ein benachbartes Milchmannsanwesen dazugekauft. Das Irrenhaus war für 25 Kranke berechnet. Im Juni 1803 wurde es mit Irren belegt, und zwar gleich mit 26 Kranken. Es erwies sich von vornherein als zu klein angelegt. Den ärztlichen Dienst versah Dr. Baptista Sax, welcher zugleich die armen Leute in der Lohe und Au behandelte, aber ein paar Jahre lang um seine Besoldung betteln musste. […]

Der erste weltliche Pfarrer von der Au, Ägid Fischer, bemühte sich vergeblich, diese Summe (i. e. 208 Gulden) für sein Gehalt wieder zu gewinnen. Sein Gesuch wurde abgewiesen, weil die Forderung in Mißverhältnis stand zu der geringen Zahl der zu besorgenden Individuen. […] 1823 führt die Irrenanstalt den Titel ‚Magistratisches Krankenhaus zu Giesing' und erhält 1826 eine neue Kapelle, welche am 25. Mai benediciert wurde." Die kirchliche Pfründe und seelsorgerische Zuständigkeit war zwischen der Au und Giesing strittig, wurde aber vom neuen erzbischöflichen Generalvikariat – wie nach dem Ableben des Auer Stadtpfarrers Duschl im Jahr 1830 auch in der Frage Harlachings – zugunsten Giesings entschieden.

Das Institut war inzwischen zu einer Stiftung geworden und unterstand dem Münchner Magistrat. Es war fast immer überbelegt und wurde 1859, fünf Jahre nach der Eingemeindung, aufgehoben. Die Kranken wurden in die neue Kreisirrenanstalt an der Auerfeldstraße (Haidhausen – Ramersdorf) verbracht. Im Jahr 1905 trat die neue Anstalt in Eglfing (Haar) in diese Funktion ein. Die Gebäude in Gie-

Verwaltungsgebäude des ehem. Hofbediensteten-, dann Bezirks-Krankenhauses („Giesinger Irrenhauses"). Bleistiftzeichnung von Anton Gaiser 1885.

sing belegte die Stadtverwaltung mit chronisch Kranken aus dem Gasteigspital. Nachdem im Jahr 1868 Teile des Grundvermögens zum Bau der Eisenbahntrasse Hauptbahnhof – Ostbahnhof an den staatlichen Eisenbahnärar (Haushalt der Königlich Bayerischen Eisenbahn) verkauft werden mussten, ließ die Stadtverwaltung die Gebäude 1877 auf Abbruch versteigern und dort in den Jahren 1894 – 1897 in zwei Bauabschnitten die städtische Volksschule am Kolumbusplatz nach Plänen von Karl Hocheder d. Ä. errichten. Diese war mustergültig für den umfangreichen Schulhausbau der Ära Georg Kerschensteiner (Stadtschulrat 1896 – 1919). Sie wurde im Zweiten Weltkrieg (1944) zerstört und nicht wiederaufgebaut. An dieser Stelle entstand 1997 ein Wohnhaus mit Kinderkrippe, Kindergarten und Hort und gegenüber das Alten- und Service-Zentrum Untergiesing an der Kolumbusstraße – also nach der Verwaltungsgrenze bereits in der Au!

Alten- und Service-Zentrum Untergiesing in der Kolumbusstraße/Ecke Kolumbusplatz, heute Bezirksgebiet Au!

An Giesing ist lange über die Existenz der Irrenanstalt hinaus mit Bezug darauf der Ausspruch: „Pass' auf, sunst kommst nach Giasing!" oder: „Du g'hörst ja nach Giasing!" hängen geblieben.

Pilgramsheim

In alten Karten steht östlich von der heutigen Pilgersheimer Straße „Paulanerwiese" und westlich davon „Pfaffenhäuser". Beides weist auf ehemals kirchliche Besitztümer hin. In der Überlieferung hat sich in diesem Zusammenhang auch die Erinnerung an ein „Rekreationshaus" des Jesuitenordens erhalten, das dem Münchner Jesuitenkolleg als

Ziel von Ausflügen an schulfreien Tagen und Erholungsstätte nach überstandener Krankheit zur Rekonvaleszenz gedient haben soll. Mit der Aufhebung des Jesuitenordens 1773 fiel diese Immobilie an den Staat.

Hofbankier Franz Anton von Pilgram kam im Jahr 1780 in den Besitz des Anwesens und baute „am Weg nach Harlaching" ein Schlösschen mit einer herrlichen Gartenanlage, dem er den Namen „Pilgramsheim" gab. Dieses wiederum erhob Kurfürst Karl Theodor am 15.11.1784 zum „gefreiten", also mit eigener Niedergerichtsbarkeit ausgestatteten Adelssitz, der allerdings nur wenige Jahre Bestand hatte.

Die „Mayer'sche Lederfabrik", gegründet von dem aus einer jüdischen Mannheimer Kaufmannsfamilie stammenden Hoffinanzier Ignaz Mayer, nahm im Jahr 1808 im ehemaligen Schlösschen ihren Anfang, war jedoch bei den eingesessenen Schuhmachern und Sattlern nicht unumstritten. Sie sahen sich um zusätzliche Verdienstmöglichkeiten gebracht, da man in der Fabrik „im Accord" Soldatenstiefel und anderes Lederzeug für die „Königlich Baycrische Armee" produzierte. Die Aufhebung der Klöster in Bayern (1802/03) überschwemmte den Immobilienmarkt und führte durch „Industriepioniere" (Mayer, Utzschneider, Eichthal, Kester u. a.) gerade auch in Giesing zu zahlreichen Werksgründungen in privater Hand.

Birkenleiten

Älteren Datums ist die Entstehung von Schloss und Gut Birkenleiten südlich der alten Giesinger Mühle: Im Jahr 1732 schenkte gemäß Erbrechtsbrief vom 6. Januar 1734 Kurfürst Karl Albrecht dem Truchsess von Winklsperg 20 Tagwerk („Juchert") öden Grundes, der sich darauf ein Schlösschen erbauen ließ. Weitere kurfürstliche Schenkungen ober- und unterhalb der benachbarten Mayr'schen Papiermühle gingen in diesen Jahren an andere Hofbedienstete. Nachdem diese Ländereien in den Besitz einer Gräfin von Fürstenberg gekommen waren, verkaufte sie diese Liegenschaften an den Kommerzienrat und kurfürstlichen Hofkellerinspektor Adrian La Fabrique. Dieser wiederum erweiterte seinen Besitz durch den Zuerwerb des Winklsperg-Schlössls, des Aumeister-Hauses, Teile des „Lerchenhofs" und zwei „Brunnstuben" in Siebenbrunn, woher in „Deicheln" (d. h. Holzrohren) reines Trinkwasser zum Schloss Birkenleiten geleitet wurde. Im Jahr 1763 wurde dann dieser arrondierte Besitz zur Hofmark und zum gefreiten Rittersitz erhoben und erhielt Weiderechte in den Isarauen bis in Höhe der späteren Reichenbachbrücke.

Durch Einheirat kamen Schloss und Gutsbezirk Birkenleiten um 1812 für über eine Generation in den Besitz von Wolfgang Windsberger, der nach dem Krämer Joseph Beutl aus der Lohe nicht unumstrittener „Ortsvorsteher" (Bürgermeister) der Ruralgemeinde Giesing war.

Siebenbrunn

Im Jahr 1732 hatte Obristjägermeister Graf Preysing, Jugendfreund und Vertrauter des Kurfürsten Karl Albrecht, um Überlassung von Weideland in der Obergiesinger Au für die von ihm gehaltenen Dienstpferde gebeten. Er bekam 60 Tagwerk Grund „jenseits der Birkenleiten" zur (abgaben-)freien Verfügung. Das Gelände wechselte in der folgenden Generation mehrmals den Besitzer, da der Weg durch die Isarauen durch das Aufblühen der Annen-Wallfahrt nach Harlaching stark frequentiert wurde. So baute ein Giesinger Metzger in Siebenbrunn eine Gaststätte, die gute Einkünfte versprach und verkaufte sie 1753 an Joseph von Berger, einen Leibarzt von Kurfürst Maximilian III. Joseph, der – die Kurfürstin hieß Maria Anna – diese Wallfahrt sehr förderte. (Die Kurfürstin-Witwe hat nach dem Tod ihres Gatten in München das St. Anna-Damenstift errichten lassen.) Schon 1763 erwarb Graf Maximilian von Baumgarten die Gaststätte: Siebenbrunn wurde – zumindest vorübergehend – zum gefreiten Edelsitz.

Hellabrunn

Mit Harlaching war Hellabrunn bis zum 16. Jahrhundert im Eigentum des Klosters Tegernsee und ging dann als „Gütl" im Tal in den Besitz der Landesfürsten und Adeligen über. Im Jahr 1736 wurde es ganz von Harlaching abgetrennt und im Besitz des kurfürstlichen Hauptzeugamtsverwalters Franz Anton von Paur zum gefreiten Edelsitz erhoben. Wohl zeitlich früher ist die Verlegung des Harlachinger Mühlbachs mit der Mühle nach Westen anzusetzen, da am Fuß das Isarabhangs eine Gartenanlage der Schlossgutbesitzer von Harlaching entstanden war. Außer der Mühle stand an neuer Stelle nur ein Bauernhaus, das schwerlich als „Schlossgut" gelten kann.

Als spätere Besitzer die gewerbliche Nutzung des Geländes vorantreiben wollten, gerieten sie in Interessenkonflikt mit den Naturschützern des Isartalvereins. Nach Erwerb des Geländes durch die Stadt München und zehnjährigen Auseinandersetzungen konnte hier schließlich ab dem Jahr 1911 der Tierpark Hellabrunn entstehen, der sich nach wechselvoller Geschichte als Städtische Tierpark Aktiengesellschaft bis heute erhalten hat.

Die „Giesinger Loh'"

Die „Giesinger Loh'"

Als Ortsname bedeutet „Lohe" so viel wie „lichter Wald" oder „Auwald" und ist nicht gleichzusetzen mit der Gerberlohe. In Landkarten werden bis in die zweite Hälfte des 19. Jahrhunderts hinein die Isarauen unterhalb des Giesinger Bergs ganz allgemein als „Lohe" oder „In der Lohe" bezeichnet. Durch Ansiedelungen seit dem Spätmittelalter ist der Auwald infolge von Beweidung und Umwandlung in Wiesen oder Ackerböden vom 16. bis 18. Jahrhundert geschwunden. Die Siedlung Lohe ist somit die südliche Fortsetzung der Besiedelung der Au und Falkenau und entsprach diesen im Siedlungstyp und der Bevölkerung mehr als dem rein bäuerlichen Dorf (Ober-)Giesing auf der Anhöhe. Mit ihm war es aber durch die steile Bergstraße und den Mühlenweg am „Schrafnaglberg" direkt verbunden. Andererseits wurde das Leben in der Lohe stark vom Mühlbach und den übrigen Bächen und Gewässern in den Isarauen bestimmt und begrenzt.

Bildung der „Ruralgemeinde Giesing"

Ziel der ordnungspolitischen Reformen des Ministers Montgelas (Regierungszeit: 1799 – 1817) war die rationale Vereinheitlichung des „neuen Bayern". Im Jahr 1806 war es „von Napoleons Gnaden" Königreich geworden, blieb aber nach Zugewinn von Franken und Schwaben, von Hochstiften und freien Reichsstädten in der Verwaltungstradition ein ganz uneinheitliches Gebilde.

Schlüssig war es daher, bei der Reform der Gemeinden anzusetzen und sie nach Munizipial- (Stadt-, Markt-)gemeinden und Rural-(Dorf-)gemeinden und fassbaren Größenordnungen neu zu bilden. Dies war der Zwecke der Gemeindeedikte von 1809 und 1818. Hauptzweck des ersteren war die Erhebung einer einheitlichen Grundsteuer; dazu wurde nach der Landesvermessung ein einheitliches Bemessungssystem („Kataster") entwickelt: der „Urkataster" von 1808 ff. Im zweiten wurde die Gemeinde(-selbst-)verwaltung geregelt.

Nach Regierungsvorschlag vom 10. April 1809 sollten die Falkenau, Ober- und Niedergiesing, die Lohe und Birkenleiten der Au, Stadtgemeinde 3. Ordnung, zugeschlagen werden.

„Die Hofmark Falkenau und die Gemeinde Lohe" – so der Arzt Josef Freudenberger, erster Ortsgeschichtler der Au – „wollten aber die Lasten der städtischen Verfassung nicht auf sich nehmen, sie strebten vielmehr die Vereinigung mit Obergiesing zu einer Ruralgemeinde an. Sie wiesen insbesondere auf die schlechten und gefährlichen Schulwege in die Au hin und begannen den Bau eines eigenen Schul- und Pfarrhauses in Obergiesing. Die Auer protestierten hiegegen auf's heftigste […]"

Tatsächlich wurde den Bedenken Rechnung getragen und die obere Falkenau sowie die Lohe am 2. April 1812 der Ruralgemeinde Obergiesing zugeschlagen. Das alte Niedergiesing am Nockherberg hingegen ging damals in der Stadtgemeinde Au auf. Mit dem juristischen Vollzug allerdings ließ das gegenteilig gesonnene Landgericht München lange auf sich warten. Erst nach Verhängung einer Ordnungsstrafe von 10 Reichstalern und der Androhung einer weiteren Strafe von 20 Talern durch die vorgesetzte Instanz wurde die erstrebte Gemeindebildung Giesings amtlich: Der Landgerichtsaktuar (leitender Beamter beim Landgericht Au) von Samern konnte am 1. Juni 1814 die Aufstellung und Verpflichtung eines Gemeindevorstehers und Gemeindepflegers im „Loherwirt" vornehmen.

Einstimmig gewählt als Vorsteher der neuen Ruralgemeinde Giesing wurde in der Versammlung der Krämer Joseph Beutl, der vorher schon Ortsvorsteher der Lohe

Die Lohe am Mühlbach. Darüber der Giesinger Berg mit Bauernanwesen und der alten und neuen Heilig-Kreuz Kirche, deren Turm noch nicht fertiggebaut ist. Bleistiftzeichnung von Anton Gaiser (1885).

Brücke über dem Mühlbach, dahinter Herbergsanwesen an der Leite des Giesinger Bergs. Pumpbrunnen im Vordergrund. Bleistiftzeichnung von Anton Gaiser (1885).

und Triebfeder des neuen Zusammenschlusses gewesen war.

Abgeschlossen war die Gemeindebildung erst mit dem 2. Gemeindeedikt im Jahr 1818, als Harlaching und die Menterschwaige der Ruralgemeinde Giesing zugeschlagen wurden. Diese Ortsteile hatten alleine nicht die für eine Steuergemeinde erforderliche Größe.

Der bevölkerungsreichste Ortsteil der neuen Gemeinde war die Lohe mit rund 900 Bewohnern, gefolgt von der Bauerngemeinde Obergiesing mit 600 bis 700, der oberen Falkenau mit 60 bis 80 und den genannten Gutsbezirken mit insgesamt wohl nicht mehr als 100 bis 120 Einwohnern.

Die Grenze zur Munizipialgemeinde Au war ungenau beschrieben: „hinterm Kupferhammergarten". Sie wurde nie exakt kartiert und nachträglich verändert. Das Irrenhaus mit seinen weiten Gartenanlagen bestand auf seiner Zugehörigkeit zu Giesing, was auch bewilligt wurde. Auch später wurde die Grenze zwischen der Au und dem unteren Giesing noch mehrfach – vor allem auch durch Bauvorhaben – verändert. Die obere Falkenau bis zum Bereiter-Anger an der Isar – etwa ein Dreieck vom unteren Ende des Giesinger Bergs am Kolumbusplatz über die Freibadstraße, Äußere Birkenau bzw. Sommerstraße und zurück entlang der Ohlmüllerstraße – blieb bis in die Gegenwart hinein bei der Obergiesinger Pfarrei Heilig Kreuz. Dies hat sich erst jüngst durch die Einbeziehung der oberen Falkenau in den neuen Pfarrverband Untergiesing-Au (St. Franziskus/Mariahilf) geändert. Alte Falkenauer erinnern sich aber noch gut an ihre Zugehörigkeit zu Heilig Kreuz in Obergiesing, weil sie dort ihre Erstkommunion und andere Familienfeste erlebt oder dort ministriert haben.

Andererseits war dieser Grenzbereich schon lange anrüchig, wie Josef Freudenberger berichtet:

„Denn neben guten und brauchbaren Arbeitern strömte der Au viel Gesindel zu; fast möchte man sagen, es war von alten Zeiten her gewohnheitsmäßig hereingezogen worden. Schauen wir doch zurück! Da ist die Falkenau, wo ein herzoglicher Falkenhof stand, welchen Kurfürst Max Emanuel einem Herrn von Schlichtinger als Eigentum verlieh mit der Erlaubnis alle Wildniß auszurotten. Die Falkenau wurde zur Hofmark erhoben, hatte aber nur wenig Einwohner. Um sie zu bevölkern, nahm Schlichtinger alles verrufene Gesindel und alle der Gemeinde Au und München lästigen Leute in seinem Besitztum auf. […] Waren schon vorher, nach dem jedesmaligen Versagen der verschiedenen Betriebe zahlreiche Arbeiter erwerbslos zurückgeblieben, von denen nicht gar manche, sondern Viele in ihrer Not sich die Bedürfnisse des Lebens abseits vom gebotenen Wege verschafften, so wurde vom 19. Dezember 1789 ab müßiges Gesindel eigens hierher geschafft und blieb hier sitzen, als die Anstalt (d. h. das von Graf Rumford gegründete ‚militärische Arbeitshaus', Anm. d. Verf.) wieder aufgehoben wurde. […] Die Zahl der arbeitslosen Bettler wurde neuerdings vermehrt. Schlimm war der Ruf, in dem die Au stand. Schwer, unendlich schwer hielt es, die Au in der Folge wieder von den Bewohnern zu säubern, welche ehrlichen Leuten Gefahr und Schaden brachten, und den Zuzug von schlechten Elementen einzudämmen. Der Au Mißgesinnten erzählten die boshafte Anekdote, der Scharfrichter von Wien hätte die Au für eine ungeheuer große Stadt gehalten, weil er so viele aus der Au zum Köpfen bekomme."

<Dr. Josef Freudenberger>

Örtlichkeit und Charakter der Lohe

Während sich das Bauerndorf Obergiesing in erster Linie aus der über mehrere Jahrhunderte gleichen Anzahl von 20 bis 25 Bauernanwesen, Wirt, bäuerlichen Handwerkern, Kooperatorhaus bzw. Expositur, dann Pfarrhaus und Schulhaus (zunächst im Schatzlhaus, Nr. 5) zusammensetzte, bestand die Lohe außer den Mühlen und Gutsbezirken überwiegend aus „Herbergen". Dieser Haustyp unterscheidet sich vom Bauernanwesen grundsätzlich dadurch, dass er keine großen Wirtschaftsgebäude wie Scheunen, Unterstellremisen und Vorratsräumlichkeiten besitzt, da keine Landwirtschaft damit verbunden ist. Vielmehr ist sie ein reines Wohngebäude mit kleineren Holzanbauten wie Schupfen, Holzlegen und Ställen für Kleintierhaltung. Das Wohngebäude selbst besteht meistens aus mehreren kleinteiligen Wohneinheiten unter einer Dachtraufe. Diese haben öfters getrennten Zugang über verschiedene Eingangstüren, Holztreppen, Altanen oder von der Bergseite her über Holzstege. Dies gab der Ansiedlung ein verschachteltes und provisorisches Aussehen, und das Wohneigentum – unter einem gemeinsamen Dach und gemeinsamen Außenmauern geteilt – führte oft zu heftigen Konflikten, insbesondere bei Raummehrbedarf, Aufteilungen und Erbstreit.

„Unter-Giesing bestand aus der Lohe, Bäcker- und Mühlbachstraße. Es erstreckte sich von der Fleischmann- (jetzt Bäcker-)mühle bis zur Columbusschule. Die Lohstraße war an vier Stellen durch Häuser so eingeengt, dass sie nur mit ganz kleinen Wagen befahren werden konnte. Zu Untergiesing gehörte die Pilgersheimer Straße. Sie hatte an der Ostseite den Garten des Distrikts-Krankenhauses und das Schloss des Baron Eichthal mit herrlichem Garten und die Lederfabrik. An der Westseite waren kleine Herbergen und 3 Wirtschaften: Pilgersheimergarten, Gasthaus ‚Zu den

DIE „GIESINGER LOH'"

Seite 27, 28, 29: Herbergen in der Lohe in charakteristische Bauweise mit enger Straßenführung der Lohstraße. Auch Kolonialwarenläden, Handwerksbetriebe und Wirtschaften.

DIE „GIESINGER LOH'"

Die Lohstrasse in Giesing.

zwei Linden' und Restaurant Prantl (später Kestervilla), alle drei mit prächtigen, von den Städtern vielbesuchten Kaffeegärten.

Das Gasthaus ‚Zu den zwei Linden' war eine Schöpfung s. Zt. der Jesuiten, die sich hier ein Rekonvaleszentenheim errichtet hatten in schöner großzügiger Bauart. Am Ende des Gartens war ein Holzhaus (genannt Schneiderhäusl), wo die Gärtner wohnten. Die Wirtschaft war mustergültig geführt und es kamen sonntags viele Gäste aus der Stadt zum Billardspielen. Einen Teil der Wiese kauften s. Zt. die Fabrikdirektoren Kester, um dort ein Haus mit großem Park und Nebengebäuden zu errichten. Der tüchtige Schöpfer und Wirt Wirthmüller starb und es heiratete die Tochter Creszenz einen gewissen Kirchmayr, dem s. Zt. die ganze Winter- und Kühbachstraße gehörte. Eine Tochter ist dort noch ansässig, Installationsfirma Herrlich. Das Anwesen der Jesuiten hatte an der Pilgersheimer Straße einen großen Hof, am Eingang links und rechts niedere Arbeits- und Oekonomiegebäude, ein großes Tor an zwei mächtigen Torpfeilern mit einem Kruzifix gegen die Straße."

Die Bebauung der Lohe erstreckte sich also unterhalb des Giesinger Bergs von der unteren Hälfte der Bergstraße – unter Einschluss der früheren Bäckerstraße am Hang – die Lohstraße den Mühlbach aufwärts bis zur Giesinger Mühle und abwärts die Mühlbachstraße bis etwa zum Bezirkskrankenhaus. Weitere Herbergen standen an der Kupferhammer- und späteren Freibadstraße sowie – etwa auf dieser Höhe – an der Pilgersheimer Straße. Nördlich des Bezirkskrankenhauses begann die obere Falkenau mit der Riegermühle, dem Falkenhof und Herbergen an der Falken- und Nockherstraße („Jager-Häusln"). Im Süden wurde die Lohe vom Gutsbezirk Birkenleiten begrenzt.

Die überwiegende Anzahl der Herbergenbewohner gehörte der unterbäuerlichen Schicht an und setzte sich aus Kleingewerbetreibenden oder abhängigen Handwerkern, namentlich Bauhandwerkern und Taglöhnern, beim weiblichen Bevölkerungsanteil aus dienstleistenden Wäscherinnen, Handlangerinnen („Mörtelweiber") und Mägden (Haushaltsangestellten) zusammen. Einen Spiegel dieser Bevölkerungsschicht bietet eine Belegliste des Giesinger Armenhauses in der Lohe, der „Pfründner-Anstalt", aus dem Jahr 1857.

Verzeichnis der in der Pfründeanstalt zu Giesing befindlichen Pfründpersonen

Männliche

Laufende. Nro.	Taufname	Zuname	Charakter	angebl. Alter	Bemerkungen
1.)	Joseph	Deisenberger	Taglöhner	75	Wurde noch von der vorm. Gemeindeverwaltung Giesing aufgenommen u. es besteht daher kein Akt
2.)	Heinrich	Glas	dto.	63	vide Akt
3.)	Joseph	Goldhofer	dto.	68	(wie bei 1.)
4.)	Adam	Heinzmann	Zimmermann	83	vide Akt
5.)	Michael	Klieber	Taglöhner	76	dto. dto
6.)	Jakob	Knoll	dto.	55	vide vorst. Bemerkg.
7.)	Johann	Knoll	dto.	75	dto. dto.
8.)	Sebastian	Kroninger	dto.	85	dto. dto.
9.)	Franz	Müller	dto.	38	dto. dto.
10.)	Jakob	Müller	dto.	54	dto. dto.
11.)	Blasius	Nißl	dto. und Schneidergeselle	37	vide Akt
12.)	Peter	Resnischek	Zimmermann	68	Akt im Laufe
13.)	Joseph	Riederer	ehem. Schmalzhändler	62	vide Akt
14.)	Benedikt	Schöberle	Taglöhner	69	dto. dto.
15.)	Martin	Wimmer	dto.	68	dto. dto.

Weibliche

1.)	Anastasia	Breu	Maurerswitwe	84	vide Akt
2.)	Theres	Greiffmader	Seilerswitwe	82	dto. dto.
3.)	Maria	Haikl	ehem. Hebamme	71	vide Akt Nr. 4 bei den männl. Pfründpersonen
4.)	Appolonia	Heid	Dienstmagd	30	Von der vorm. Gemeinde Giesing aufgenommen; daher besteht kein Akt
5.)	Josepha	Nickl	Taglöhnerin u. Wäscherin	64	dto. dto.
6.)	Anna	Obermeier	Dienstmagd	38	dto. dto.
7.)	Franziska	Sabi	Dienstmagd	25	dto. dto.
8.)	Franziska	Scheidl	Wurzelsammlerin	63	vide Akt
9.)	Josepha	Schlederer	Wäscherswitwe	60	dto. dto.
10.)	Maria	Schmerbeck	Wäscherin	75	(wie Nr. 4)
11.)	Maria	Steingraber	unbekannt	ü. 100	dto. dto.
12.)	Anna	Völkl	Dienstmagd	61	dto. dto.
13.)	Theres	Wild	dto.	30	dto. dto.
14.)	Elise	Winkler	Zimmermannstochter	35	dto. dto.
15.)	Maria	Zellermeier	Taglöhnerswitwe	79	vide Akt

Bewohnerverzeichnis der Pfründner-Anstalt, Lohe/Bäckergasse.

Die „Pfründner-Anstalt"

Von alters her ist die Sorge um die „Dorfarmen" eine Aufgabe der gesamten Gemeinde. Als „arm" bezeichnete man früher in der Regel alle, die über kein Wohneigentum in der Gemeinde verfügen konnten. Dienstboten zählten nicht dazu, weil man sie „zum Sach'" der Arbeit oder Dienst gebenden Person oder Familie rechnete. Auch „Inleute" oder Mieter, die in einem Taglohn- oder sonstigen Erwerbsverhältnis standen, galten nicht als „arm" im Sinn von unterhaltsbedürftig. Es verblieben also als „Dorfarme" in der Regel alte, kranke oder behinderte erwerbslose Einzelpersonen, die keine Familie mehr hatten, also auch Verwitwete und Waisen. Ihnen wurde von der Gemeinde ein Lebensminimum gewährt: Wohnung, Nahrung und Kleidung. Man nannte sie „Pfründner", weil ihr Lebensunterhalt eine Gemeindelast war. Wenn sie nicht in einem bestehenden Anwesen untergebracht und verpflegt werden konnten, gab es in der Regel ein „Gmoahäusl", wo sie ihr Leben fristeten.

Mit der Bildung von Großgemeinden nach den Montgelas'schen Edikten und deren Wachstum, namentlich im Umfeld größerer Städte, wuchsen auch die Aufgaben der Armenfürsorge. Zugleich hatte auch der rationalistische Humanismus der Aufklärungszeit die Tendenz verstärkt, zur Behebung von Missständen und Not neue geeignete Anstalten und Institute ins Leben zu rufen.

Der Bedarf für eine entsprechende kommunale Sozialeinrichtung war in der Ruralgemeinde Giesing, namentlich wegen der sozial bedürftigen Bevölkerung in der Falkenau und in der Lohe, besonders hoch. Nach längerem Hin und Her gelang es, das Anwesen Bäckergasse 1 am Hang oberhalb des Mühlbachs schräg gegenüber dem Bezirkskrankenhaus zu erwerben. Es war ein für diese Zwecke geeignetes großes Wohnhaus mit Nebengebäuden und wurde dem Krämer Franz Xaver Beutl, einem Sohn des Joseph Beutl, dem ersten Ortsvorsteher der Ruralgemeinde Giesing bei deren Bildung im Jahr 1814, abgekauft. Maßgeblich beteiligt an der Gründung war der respektierte erste selbständige Giesinger Pfarrer, Geistliche Rat und Dechant Johann Nepomuk Silberhorn.

Schon gleich im ersten Winter des Bestehens – vom Oktober 1838 bis April 1839 – erhielten täglich 40 Personen, davon 10 Kinder, je eine Armenspeisung. An elf Pfründnerinnen und Pfründner und die Waisenkinder wurden täglich je drei Portionen – also „Vollpension" – ausgegeben.

Sollte die noch vorhandene Kostordnung eingehalten worden sein, so bestand das Essen morgens aus einer Brotsuppe, abends aus Rollgerstenbrei, mittags jedoch aus einer Speisenfolge von Tagessuppe, Rindfleisch, jahreszeitlichem Gemüse und Brot; sonntags abends gab es Suppe aus geschnittenen Nudeln. Am Freitag als Fastentag entfiel die Morgensuppe, mittags kam Suppe oder Nudeln, abends Einbrennsuppe auf den Tisch.

An den Hochfesten Weihnachten, Ostern, Pfingsten und Kirchweih erhielten die Pfründner mittags jeweils ein Festmahl mit zwei Leberknödeln, Rindfleisch als „Voressen", ¾ Pfund Kalbsbraten mit Gemüse, Salat und Brot und abends einen Knödel mit Sauce. An Ostern bekamen sie zusätzlich „Geweihtes": ein Ei und ¼ Geräuchertes; am Johannisfest Schmalznudeln (Kücheln) und an Weihnachten eine Halbe Bier.

So war die Verköstigung nicht nur ausreichend, sondern den Verhältnissen entsprechend sogar sehr ordentlich, fast üppig.

Der Bedarf an Plätzen stieg beständig an, sodass die Anstalt noch vor der Eingemeindung mit 16 Männern und 15 Frauen voll besetzt war. Damit hatte das Pfründner-Haus auch wirtschaftliche Bedeutung für die benachbarten

Gewerbetreibenden in der Lohe und ganz Giesing. Der Loherwirt Sebastian Petuel lieferte Fleisch und Unschlitt (Talg für die Beleuchtung). Der Bäcker und Melber (Mehlhändler) Franz Paul Schratzenstaller und später dessen Schwiegersohn Josef Scharrer belieferten die Anstalt mit Brot, Backwaren und Mundmehl. Vom Krämer Joseph Beutl wurde Butter, Schmalz, Reis, Rübenkraut, Essig, Lorbeerblatt und Kandis bezogen. Über Johann Wörle, den Werkmeister der Schrafnaglmühle, wurde Getreide und Schrot erworben, von Wolfgang Augustin Klafterholz als Brennmaterial. Schuhwerk lieferte die Lederfabrik, seine Ausbesserung besorgte der Schuhmachermeister Michael Plattensteiner. Dies alles belegen die erhaltenen Abrechnungen an die Gemeindekasse. Zugleich bedeutete dies für die Gemeinde eine schwere finanzielle Belastung, ein wichtiger Grund, warum die Vorstädte eine Eingemeindung nach München anstrebten. Bis dahin – 1854 – hatte sich der Schuldenstand auf fast 10.000 Gulden erhöht. Dies war wiederum ein Grund, warum der Münchner Stadtmagistrat im Jahr 1856 die Schließung der Pfründner-Anstalt in der Giesinger Lohe anstrebte, was aber zunächst vereitelt wurde.

Der Loherwirt und seine berüchtigte Kurve

Als Ortsmittelpunkt der Lohe kann am ehesten das Gasthaus „Zum Loherwirt", Ecke Berg- und Kupferhammerstraße, bezeichnet werden, da es zunächst keine öffentlichen Gebäude in diesem Ortsteil gab, und weder die Kreis-Irrenanstalt noch Mühlen und andere Gewerbebetriebe als solche bezeichnet werden können. Im Loherwirt hatten schließlich auch die öffentlichen Verhandlungen zur Bildung der Ruralgemeinde Giesing stattgefunden; er war das Versammlungslokal der nichtbäuerlichen Bevölkerung der Lohe. Deren führende Köpfe waren die im Zusammen-

Alter Loherwirt. Öffentlicher Mittelpunkt der Lohe und des unteren Giesing, am Fuß der Bergstraße/Beginn der Lohstraße in der Nähe des Mühlbachs. Bleistiftzeichnung Anton Gaiser 1885.

hang mit den Lieferanten der Pfründner-Anstalt schon genannten Handwerksmeister, allen voran der erste Vorsitzende des Gemeindeausschusses, der Krämer Joseph Beutl und der Loherwirt, Sebastian Petuel. Bald kamen Lehrer hinzu wie Joseph und Max Aigner, später mehrere Unternehmer und Fabrikanten: die Mayers und Eichthal-Seligmanns, die Kesters, die Prantls und andere mehr, welche die Lohe kräftig „umgekrempelt" haben.

„Beide Aigner wirkten in vorbildlicher Weise unermüdlich bis zu ihrem Lebensende in Schule und Gemeindeschreiberei, in Kirchen-, Chor- und Mesnerdienst. Max Aigner, der vorher als Hilfslehrer in Schwaben (i. e. Markt Schwaben, Anm. d. Verf.) eine Brauerstochter aus Erding geheiratet hatte, wohnte in einer Herberge in der Lohe (heute No. 24a). Das dürftige Gehalt reichte für die immer größer werdende Familie nicht aus. Die äußerst rührige Frau Lehrerin richtete einen kleinen Laden ein und betrieb eine Krämerei.

Das Geschäft ging sehr gut. Die Lehrersleute konnten zum Bau eines für ihre 11 Kinder und für das groß gewordene, gute Geschäft ausreichenden, schönen Hauses schreiten. Es ist dies das noch heute bestehende Haus No. 68 an der Lohstraße."

<Josef Scharrer>

Dass der „Loherwirt" innen und außen ein zentraler Platz für ganz Giesing war, zeigen auch andere, weniger rühmliche Vorkommnisse, wie sie Gemeindeprotokollen und den Akten des Landgerichts zu entnehmen sind:

Die bei zunehmendem Verkehr zahlreichen schweren Unfälle an der berüchtigten „Loherwirtskurve", wo die Bergstraße mit scharfer 90-Grad-Schwenkung beim Mühlbach in die Kupferhammerstraße mündete, wurden zum Anlass für die oftmaligen Bergregulierungen im 19. und 20. Jahrhundert.

Besonders im Winter entwickelten sich am Giesinger Berg und speziell an seinem unteren Ende beim „Loherwirt" Teile der Wege ungewollt oder gewollt zu gefährlichen Eisbahnen. Mit einem Schreiben an das Amtsgericht Au vom 6. Januar 1840 beklagte sich darüber der Giesinger Pfarrer und Dekan Johann Nepomuk Silberhorn:

Johann Nepomuk Silberhorn aus Sünching bei Regensburg (*20.6.1780 – 28.2.1842). Büste im Treppenhaus des Pfarrhofs von Heilig Kreuz (München Giesing), Gietlstraße 2. Schule und Ausbildung in Straubing und Landshut. Eintritt in den Chorherren-Orden der Prämonstratenser in Kloster Schäftlarn. Dessen Säkularisation 1803. Priesterweihe. 12 Jahre Kooperator (Hilfsgeistlicher) in Attenkirchen. 1819 Expositus der Stadtpfarrei Mariahilf der Au in Obergiesing. 1828 – 1842 Pfarrer der Ruralgemeinde Giesing. Dekan des Landkapitels Oberföhring, Distriktschulinspektor, 1840 Mitglied der Kammer der Abgeordneten.

„Gefährdung der Wege in Obergiesing betr.
Es ist gewiß polizeywürdig, wenn Geh- und Fahrwege als Eisbahnen benützet werden, wie es vorzüglich dahier an dem Kirchenberge und um den Loherwirth herum tagtäglich geschieht, ungeachtet selten ein Jahr vorübergeht, ohne daß sich an Fuhrwerken oder an den Kindern selber gräßliche Unglücke ereignen. Die Städter, welche häufig den Giesinger Weinbauern besuchen, fluchen über die hiesigen Anstalten, die einen solchen Unfug gedulden.

Der Unterzeichnete würde von diesem, so wie von Dutzenden anderen hiesigen Amts polizeylichen Gebrechen keine Notiz nehmen, wenn er nicht die gegründete Befürchtnis haben müßte, daß dieser Uibelstand auch würde der hiesigen Schule zur Last gelegt werden möchte, während der Unfug unter der Gemeinde Verwaltung getrieben und geduldet wird."

Das Amtsgericht rügt die Giesinger Gemeindeverwaltung postwendend und ordnet an, „die Bahnen sogleich mit Kies und Sand überführen zulassen".

Worauf die Gemeindeverwaltung am 12.1.1840 diensteifrig antwortet: „…beeilt man sich gehorsamst zu vernachrichten, daß die Straße über den s.g. Kirchberg überkieset und keine Gefährdung daselbst zu befürchten ist…".

Keine drei Wochen später geschah das große Unglück: Eine Kutsche kippte an der „Loherwirtskurve" um! Prominentes Opfer war der Landtagsabgeordnete und frühere Münchner Bürgermeister, Technik- und Industriepionier sowie Immobilienspekulant Joseph von Utzschneider, der dort am 31. Januar 1840 an den Unfallfolgen starb. Er war gemeinsam mit seinem Freund, dem Giesinger Pfarrer Silberhorn, auf einer Kutschfahrt unterwegs gewesen; Silberhorn überlebte und verstarb 62-jährig ein Jahr später.

Dieser Unfall mit Todesfolge führte zum ersten Mal zu einer Regulierung des Giesinger Bergs. Man versuchte durch Beseitigung der Engstellen die Passierbarkeit zu verbessern, ohne allerdings zunächst am Gefälle der Bergstraße und der gefährlichen Einmündung an der Kurve beim Loherwirt Entscheidendes zu ändern. Dies hatte auf die Dauer weitere Eingriffe zur Folge, die den Charakter der Lohe nachhaltig veränderten, da ihnen zahlreiche Häuser, ja eine ganze Straße, zum Opfer fallen sollten.

Von der Schrafnagl-Mühle zur Bäckermühle

Am Südende der Lohe stand wohl über tausend Jahre lang urkundlich belegt das älteste Gebäude Giesings, die Giesinger Mühl', 850 Jahre im Obereigentum des Klosters Schäftlarn. Im Verlauf des späten Mittelalters war ihr der Name „Schrafnagl-Mühle" zugewachsen, benannt nach einer Müllerfamilie, die mehrere Jahrzehnte die Mühle vom Kloster in Pacht gehabt hatte – neben anderen im Umfeld von München. Nach dem Dreißigjährigen Krieg stellte dann für rund hundert Jahre eine Familie Streicher, der nach einem Totalschaden durch Brand im Jahr 1699 auch der Wiederaufbau der Mühle oblag, die Müller in Giesing. Kloster Schäftlarn soll dafür größere Mengen Bauholz gestiftet haben. Die Giesinger Mühle mahlte nicht nur Getreide zu Mehl, sondern auch Ölfrüchte zu Öl. Zu ihr gehörte von Anfang an eine Landwirtschaft und später am östlichen Mühlbachufer auch ein Sägewerk, wofür die Holzstämme den Mühlbach herunter getriftet und an einer eigenen Lände zur Verarbeitung an Land gebracht wurden. Mit der Säkularisation ging 1803 das Obereigentum an der Mühle auf das königliche Rentamt München, d. h. in Staatsbesitz über. Im Urkataster von 1812 umfaßte der Besitz das gemauerte und mit Ziegeln gedeckte Wohn- und Mühlenanwesen mit der daran angebauten Mahlmühle mit vier

DIE „GIESINGER LOH"

Blick von der Bergstraße den Hang hinab zur Lohstraße und über die Lederfabrik nach Norden.

Mahlgängen, die Stallungen und landwirtschaftlichen Nebengebäude und die freistehende, mit Schindeln gedeckte Sägemühle sowie knapp 36 Tagwerk Grundbesitz an Äckern, Wiesen und der Bergleiten („Schrafnagl-Bergl"). Die gesamte Immobilie wird 1822 an das Aiblinger Ehepaar Theres und Sebastian Oswald für 21.200 Gulden verkauft. Wegen eines neuerlichen Brandfalls erhält Oswald die Genehmigung, ein Nebengebäude in acht Herbergen zu parzellieren und diese zur Finanzierung des Wiederaufbaus der Mühle zu veräußern. Oswald wird 1828 Ortsvorsteher der Ruralgemeinde Obergiesing und Mitglied der Kirchenverwaltung von Heilig Kreuz und damit auch eine tragende Kraft der Gemeinde in der Vorbereitung ihrer Eingemeindung nach München. Für zwanzig Jahre geht das Eigentum an der Mühle an die Bankiersfamilie von Eichthal über, deren Schwerpunkt in Giesing aber auf dem Ausbau der Lederfabrik liegt. Nach Julius von Eichthal wird für weitere zwanzig Jahre Peter Fleischmann Müller in Giesing, der mit seiner Gattin, der Zieglerstochter Theresia Graf, die Mühle selbst betreibt und in der Lohstraße wohnt. Er erlebt die Ära der technischen Revolutionierung des Mühlenbetriebs; in seiner Nachbarschaft entsteht aus einer Papiermühle ab 1863 die „Kraemersche Kunstmühle". Ab 1880 übernimmt die Bayerische Hypotheken- und Wechselbank das Gelände, auf dem ein Investor, die Firma Cohn & Bergmeister, eine moderne Kunstmühle erstellt. Diese steht zunächst im Eigentum der Bavaria AG (1893), wird aber bereits im Folgejahr – wie geplant – von der Münchner Bäckerinnung übernommen, womit sich der Name „Bäckermühle" einzubürgern beginnt. Im Jahr 1972 musste der Mahlbetrieb eingestellt werden, da der Bau des Mittleren Rings und der U-Bahn über den Candidberg dies erforderlich machte. Auf dem Mühlengelände entstand durch einen Investor ein Bürokomplex. Ein Privatmann, Energiepionier und Atomkraftgegner, errichtete im ehemaligen Mühlen-Turbinenhaus das „Kraftwerk Bäckermühle", das die von ihm produzierte Energie in das städtische Stromnetz einspeist.

Die Lederfabrik

Die Aufhebung fast aller bayerischen Klöster in der großen „Säkularisation" ab 1802 hatte die Sanierung der Staatsfinanzen zum Ziel. In den Städten schuf sie durch Abbruch oder Umnutzung von Kirchen und Klostergebäuden Raum für neue wirtschaftliche Aktivitäten. Viel einschneidender war die Säkularisation auf dem flachen Land, wo mit den Klöstern zahlreiche Zentren der Landeskultur vom Erdboden verschwanden. Bis in das letzte Dorf, den kleinsten Weiler und die entlegenste Einöde hinein wirkte sich die Aufhebung der klösterlichen Grundherrschaft, des „Obereigentums", aus. Das Angebot an Immobilien überstieg die Nachfrage des kapitalschwachen und argwöhnischen Landvolks bei weitem. Der Grundstücksmarkt brach zusammen: ein gefundenes „Fressen" für Bodenspekulanten und Industriepioniere!

Im bäuerlichen (Ober-)Giesing war besonders der aus Rieden bei Murnau stammende Joseph (von) Utzschneider (1763–1840) als Aufkäufer landwirtschaftlicher Flächen aktiv: Sein neuer Warthof samt Zuckerfabrik und Brennerei hatte eine Wirtschaftsfläche von über 200 Tagwerk! Als kurfürstlicher „Finanzreferendär" war er an der Vorbereitung der Säkularisation maßgeblich beteiligt gewesen. Er schied aus dem Staatsdienst aus und betätigte sich als „rastloser Wegbereiter neuer zukunftsweisender Industrie- und Produktionsformen" (Axel Winterstein). Allein am Kauf und Wiederverkauf des Klosters Benediktbeuern „verdiente" er in 13 Jahren rund 200.000 Gulden. Aber: Wie gewonnen, so zerronnen! Er kehrte in die Politik zurück, wurde Zweiter Bürgermeister von München (1818–1823) und Abgeordneter der Zweiten Kammer des Bayerischen Landtags bis zu seinem Lebensende. Er investierte aufwendig in Wissenschaft und Landeskultivation – und verlor viel.

Anders in der Lohe: Dort waren die verschwägerten jüdischen Familien Mayer und Eichthal-Seligmann aus Mannheim bzw. Leimen bei Heidelberg, beide „Hoffaktoren", also Bankiers oder Finanzmakler der Pfälzer Wittelsbacher, tätig geworden. Als solche waren sie durch die Verbindung von Finanzierungen und Wirtschafts- und Handelsprivilegien reich und den Pfälzer Kurfürsten unentbehrlich geworden – und mit diesen nach München gekommen. Hier standen auch ihnen die Möglichkeiten, die der Immobilienmarkt nach der Säkularisation und der Finanzbedarf des neuen Königreichs Bayern boten, offen.

Wann und wie das Schlösschen Pilgramsheim in den Besitz Ignaz Mayers gekommen ist und welchen Umfang der Besitz damals hatte, ist bisher nicht erschlossen. Die Flurbezeichnungen „Paulanerwiese" und „Pfaffenhäuser" sind in der Folgezeit aus den Landkarten verschwunden. Diese Bezeichnungen weisen jedenfalls auf ehemalige kirchliche Besitztümer hin, die durch die Säkularisation – spätestens seit 1802 – verfügbar geworden waren.

Mayer hatte schon im Jahr 1807 dem Königreich Bayern einen Kredit von 100.000 Gulden verschafft. Dafür erhielt er nicht nur die Erlaubnis, auf seinem jüngst erworbenen Besitz eine Lederfabrik zu errichten, sondern – so war das

Joseph (von) Utzschneider aus Rieden am Staffelsee (*2.3.1763 – 31.1.1840). Büste an der Fassade des Optischen Instituts, Müllerstraße 40, erbaut von J. Höchl 1826.

Bäuerliche Herkunft. Studium am Wilhelms-Gymnasium in München. Protektion durch einen Verwandten für den kurfürstl. Dienst. Aufstieg zum „Geheimen Finanzreferendär" (Säkularisation). Freiwillige Demission. Unternehmer mit experimentellen Betrieben in München, Benediktbeuern, Erching und Giesing. Als Technik-, Finanz- und Bildungsreformer ein „Anti-Montgelas". Münchner Bürgermeister 1818 – 1823. Mitglied der Kammer der Abgeordneten.

DIE „GIESINGER LOH'"

Giesing um 1860. Planausschnitt, in der Mitte der Mühlbach mit dem Grundriss der Hauptgebäude der Lederfabrik. Links unten Lohe/Lohstraße, darunter bäuerlicher Ortskern von Obergiesing. Rechts darüber die Kleinhaussiedlung Birkenau. Ausschnitt aus Gebele, Stadtgeschichtlicher Atlas.

von der Pfalz her schon bekannt – Lieferprivilegien an das bayerische Heer. Dies war in den Jahren der Napoleonischen Kriege eine wahre „Goldgrube": Der Bedarf an Soldatenstiefeln und festem Lederzeug für Pferde und sonstige Ausstattungsstücke aus Leder war riesig. Bis die örtlichen Schuhmacher die Verletzung der geltenden Gewerberechte im Umbruch der Zeit ordentlich beklagen konnten, war das Hauptgeschäft schon gelaufen. Ferner hatte Mayer sich mittlerweile eine „Schuhmachergerechtigkeit" erkauft, indem er den Schwabinger Schuhmacher Hanrieder in seine Fabrikation am Mühlbach in der Giesinger Lohe aufgenommen hatte. Gerichtlich wurde der Übertragung des Gewerbes aus Schwabing in die Ruralgemeinde Giesing im Nachhinein zugestimmt.

Die weitere Erfolgsgeschichte der Giesinger Lederfabrik hängt mit den Familienverhältnissen des Gründers Ignaz Mayer zusammen. Er selbst war mit Karoline („Chaila"), einer Tochter des Leimener Finanziers Aaron Seligmann und dessen Ehefrau Henriette, geb. Levi, seit 1785 verheiratet. Die gemeinsame Tochter Julie Mayer schloss im Jahr 1809 die Ehe mit dem jüngsten Sohn der Seligmanns, Simon Aaron. Sie ließen sich im August des Jahres 1816 in St. Michael in Berg am Laim taufen; Simon Aaron auf den Taufnamen Leonhard. Nach dem Ableben des alten Eichthal-Seligmann 1824 – der geschätzte Hoffinanzier war im Jahr 1814 mitsamt seinen zehn Kindern in den erblichen Adelsstand erhoben und 1819 in der Pfarrkirche in der Au getauft worden – und Ignaz Mayers im gleichen Jahr übernahm dessen Schwager Arnold von Eichthal die Lederfabrik. Simon Leonhard von Eichthal hatte bereits die ehemals geistlichen Liegenschaften der Benediktiner, Jesuiten und Deutschherren in Ebersberg erworben und trat in die Finanzgeschäfte seines Vaters ein.

Arnold von Eichthal, Bankier in Augsburg, setzte eine Direktion in der Lederfabrik ein und erwarb im Jahr 1837 die ehemals dem Kloster Schäftlarn gehörende Giesinger Mühle mit ihren Liegenschaften hinzu, um dort eine große Baumwollspinnerei zu errichten. Er verstarb 1838 in Paris. Nun kaufte sein Bruder Simon Leonhard von den Erben den gesamten Besitz für 57.000 Gulden.

Franz Kester, erster Direktor der Lederfabrik unter Baron von Eichthal.

Ludwig Kester, zweiter Direktor der Lederfabrik und Miteigentümer des Großbetriebs als Aktiengesellschaft ab 1870.

Die industrielle Entwicklung der Giesinger Lederfabrik ist aber am engsten mit der unter Arnold von Eichthal aus Frankfurt am Main gekommenen Direktorenfamilie Kester verbunden. Franz Kester (1803 – 1872) entstammte einer Frankfurter Perückenmacher- und Friseurfamilie und entwickelte die Großgerberei mit Schuhfabrikation in den nächsten dreißig Jahren zu einem modernen Großbetrieb. Dies bewirkte er vor allem durch die geglückte Aufstellung der ersten Lederspaltmaschine (nach einem englischen Verfahren) auf dem europäischen Kontinent im Jahr 1836. Sie erlaubte die Herstellung von verfeinerten Ledersorten, insbesondere des begehrten Lackleders für Möbel und die Innenausstattung sowie die Polsterung von Kutschen, Eisenbahn-Salonwagen, Schiffen und – später – Automobilen. Aus den 30 Beschäftigten wurden im Verlauf der nächsten Generation 300! Für Simon Leonhard von Eichthal war dennoch die Lederfabrik nur ein kleinerer Zweig seines weitgespannten Unternehmertums: Zum umfangreichen Grundbesitz traten die großen Finanzierungen beim Aufbau des Königreichs Griechenland, die Gründung der Bayerischen Hypotheken- und Wechselbank und die Entwicklung des Eisenbahnnetzes im Königreich Bayern und

DIE „GIESINGER LOH'"

darüber hinaus. Nach seinem Tod im Jahr 1854 folgte bis 1860 sein Sohn Julius von Eichthal; zu Franz Kester trat dessen Sohn Ludwig (1839 – 1912) in die Direktion ein. Mit der Gründung des Deutschen Reichs 1871 wurde die Lederfabrik in die „Actien-Gesellschaft für Lederfabrication" umgewandelt; die Kesters wurden zu Anteilseignern und Miteigentümern. Damit war die Eichthalsche Lederfabrik in Giesing einer der wenigen wirklich großen Industriebetriebe Münchens und Branchenführer auf dem europäischen Kontinent. Sie zog mit der Hesselbergerschen Lederfabrik (Schwerleder, Treibriemen usw.) am Nymphenburg-Biedersteiner Kanal und der Handschuhfabrik Röckl und weiteren Betrieben die Bildung eines industriellen Standortschwerpunkts nach sich.

Für die Bevölkerung in der Lohe und in Obergiesing hatte die Lederfabrik auch negative Begleiterscheinungen: Der Lauf des Mühlbachs war unterhalb der Giesinger Mühle nach Westen verlegt und als „Fabrikbach" durch das rund 8,8 ha große Fabrikgelände zwischen Lohstraße und Pilgersheimer Straße geführt worden. In ihrer Blütezeit (um 1890) wurden dort jährlich 60.000 Rinder- und 15.000 Schweinehäute in 50 hölzernen Wasserkästen aufgeweicht und in 420 Gargruben und diversen Gartrommeln gegerbt und bearbeitet und schließlich im Freien zum Trocknen aufgehängt, um dann weiter verarbeitet zu werden. Das Wasser des Mühlbachs und die Luft im unteren und oberen Giesing waren dadurch stark belastet. Kurzum: Es stank bestialisch!

Nach dem Ersten Weltkrieg und der Inflation von 1923 erwarb die Berliner Lederfirma Adler und Oppenheimer

Blick vom Giesinger Berg über die Lohe, Ecke Cannabichstraße und die gesamte Lederfabrik über die Pilgersheimer Straße zur St. Franziskuskirche nach Südwesten. Am oberen Bildrand Isarauen mit Flaucher.

DIE „GIESINGER LOH'"

Gesamtansicht der Fabrikanlage (Industrie-Graphik) der Lederfabrik. Links unten Ziergarten an der Direktoren-Villa. Links oben die Heilig-Kreuz-Kirche. Nach rechts Bauernanwesen bis zum Schlot des Giesinger Bergbräu (um 1890).

die Aktienmehrheit in München. Die Weltwirtschaftskrise von 1929 und die folgende Rezession auf dem internationalen Ledermarkt brachten das Ende: Die Fabrik wurde demontiert, das riesige Gelände gewinnbringend als Baugrund an die Münchner Siedlungs-GmbH verkauft, die dort mit ihrer Genossenschaft im Jahr 1932 mit dem Bau einer Großsiedlung begann.

Das Vermögen dieser Genossenschaft ging später in das Eigentum der 1929 gegründeten „Zusatzversorgungsanstalt des Reichs und der Länder" (ZRL) über. Diese war gegründet worden, um die rentenmäßige Ungleichbehandlung zwischen Beamten und nicht beamteten Bediensteten im öffentlichen Dienst auszugleichen. Anfang der 1950er-Jahre wurde sie in „Versorgungsanstalt des Bundes und der Länder" (VBL) mit Sitz in Karlsruhe umbenannt. Im Jahr 1997 führten auch die „neuen Bundesländer" die Zusatzversorgung ein. Die Großsiedlung an der Pilgersheimer Straße verfügt über 1.000 Wohneinheiten und wird von der Immobilienverwaltung Bossert betreut, die dort in der Pilgersheimer Straße 38 ein Büro unterhält (Zentrale: Leopoldstraße 13). Um die Jahrtausendwende fand in der Siedlung eine umfassende Sanierung und Renovierung statt.

DIE „GIESINGER LOH'"

DIE „GIESINGER LOH"

Bergregulierungen

Als im Jahr 1871 der Pächtersohn der nah und fern beliebten Gastwirtschaft „Zum Giesinger Weinbauern", Josef Kanzler, mit seiner Mutter verunglückte und starb, war dies der Auslöser einer Diskussion, die zum wiederholten Mal zu einer Regulierung des Giesinger Bergs führte. Der Stadtmagistrat kaufte das die Straßenbiegung verengende Haus und ließ es abreißen, wodurch die gefährliche Kurve aufgeweitet wurde.

Die Anlage der Wittelsbacher Brücke und ihre Eröffnung am 26. August 1876 verstärkte aber das Verkehrsaufkommen über die steile Bergstraße derart, dass schließlich nur eine grundlegende Veränderung im Jahr 1892 Abhilfe schaffen konnte. Jahrelang hatte schon der Giesinger Bezirksverein darauf gedrungen. Jetzt wurden 54 Häuser und Herbergen angekauft und abgerissen. Auch die alte Kirche und der noch nicht so alte Pfarrhof mussten geopfert werden. Teile der Innenausstattung und Bildwerke wurden von Giesinger Familien ersteigert. Alte Stützmauern – nach oben und nach unten – wurden hinfällig.

Diese große Regulierung verlegte die Bergstraße durch umfangreiche Abgrabungen und Stützmauern an die Hangkante unterhalb des 1868 begonnen und 1886 fertig gestellten Baus der neuen Heilig-Kreuz-Kirche, des letzten der drei neugotischen „Ziegel-Dome" in den 1854 eingemeindeten östlichen Vorstädten.

Seite 42: Abriss der Lederfabrik 1930 mit zahlreichen „Zaungästen". Allee und Bauernhöfe am oberen Bildrand (Bergstraße). Ausschnitt einer Tusche-Kohle-Zeichnung (Willi Döhler).

links: Gerber-Statue als Erinnerung an die ehemalige Lederfabrik beim Eintritt des Mühlbachs in das Gelände der Großsiedlung an der Pilgersheimer Straße.

Das Straßengefälle wurde von 12 % auf 5% verringert; die Bergstraße mündete in den späteren Kolumbusplatz und auf die Humboldtstraße, die jetzt, leicht nach Norden verschwenkt, die Verbindung zur Wittelsbacher Brücke herstellte.

Konsequenz für die Lohe war das völlige Verschwinden der Bäckerstraße, die zuvor von der Bergstraße abzweigend sich auf halber Höhe den Abhang des Giesinger Bergs entlang erstreckt hatte. Der damals noch offene Mühlbach wurde überwölbt. Zugleich sollte damit auch der Straßenbahn der Weg den Berg hinauf „geebnet" werden. Dies geschah aber erst mit der Einführung der „Elektrischen" und ihrem Ziel, dem neuen Ostfriedhof, im Jahr 1896.

Den ganzen Sommer über, von März bis November 1892 hatten die Arbeiten gedauert – dann war es soweit: „Zur feierlichen Eröffnung der neuen Bergstraße versammelten sich am 19. November 1892 nachmittags ½ 3 Uhr auf der festlich geschmückten Giesinger Kirchenterrasse die Mitglieder der städtischen Kollegien mit beiden Bürgermeistern an der Spitze, Vertreter des städtischen Bauamtes und anderer Behörden und sonstige Festteilnehmer. Ein Choral, gespielt von der Kapelle des 2. Infanterieregimentes, eröffnete den Festakt. Darauf folgten Ansprachen des Arztes Dr. Egid Fischer von Giesing und des Bürgermeisters Dr. von Widenmayer. Während anschließend die Königshymne gespielt wurde, setzte sich ein aus 50 Wagen bestehender Festzug auf der neuen Straße in Bewegung. Die Spitze des Zuges bildete die 4. Kompanie der freiwilligen Feuerwehr. Ihr folgten die Veteranenkapelle und ein reichgezierter Wagen mit Angehörigen des Giesinger Knabenhortes, dann, von Hortknaben besetzt, der alte Tölzer Stellwagen. Weiter folgten im Gefährt mit dem Modell der alten Dorfkirche Zöglinge des Mädchenasyls der Schulschwestern und Mädchen in oberbayerischer Volkstracht, ferner in einem Wägelchen sitzen die ältesten Almosenträger Giesings in Altmünchner Tracht. Dann kamen Wagen der Giesinger Gärtner, der Brauereien, Mühlen, Maschinenfabriken und Schäffler, ein Wagen mit einem 30 m langen Baum aus Grünwald, Milchfuhrwerke, Bauernwägen aus Haching und Thalkirchen, die Knollsche Latrinenreinigungsmaschine, ein Jagd- und Forstwagen usw. Den Schluß bildete als Zeichen der neuen Zeit ein Wagen der Münchener Pferdetrambahn."[1]

---

1 Hans Grässel: Das städtische Volksschulgebäude Pfarrhofstr. 2 in München. München 1918, Seite 12 f. – Zit nach Westenthanner, a.a.O. Seite 22, Fußnote 1

Eine Szene aus dem Giesinger Alltag in der Loh' 1831

Am 18. August 1831 ereignete sich beim Loherwirt in Untergiesing auf offener Straße folgende Begebenheit, die der Giesinger Gemeindebevollmächtigte Georg Bichl tags darauf beim Landgericht Au zur Anzeige brachte:

„Gestern Mittags 11 Uhr ging ich mit dem Stationscommandanten von Obergiesing aus der Stadt nach Hause. In der Nähe des Loherwirths begegnete uns Joseph Beutl, alter Kramer von Obergiesing und redete mich, nachdem ich ihn gegrüßt, an: ‚Pichl, gieb acht! Daß es dich heute nicht den Kopf kostet.'

Dem Landgericht ist bekannt, daß gestern abends 7 Uhr Gemeindeversammlung in Betreff der Erweiterung des Schullokals angesetzt war. Auf diese bezog sich die Äußerung des Beutl. Ich fragte denselben um die Ursache, und als er hierauf bloß seine Warnung wiederholte, wiederholte ich auch meine Frage.

Darauf erwiderte er: ‚Ist das recht, dass Ihr, seit der Windsperger Vorstand ist, der Gemeinde fünfthalb hundert Gulden weggeworfen habt. Sagt ihr nicht, Spitzbuben?

Ich antwortete ihm: ‚Das wird die Rechnung weisen, ob wir der Gemeinde etwas weggeworfen haben.'

Darauf fuhr Beutl fort: ‚Niemand ist unterschrieben als Ihr.' Er meinte dabey den Vorsteher Windsberger, mich und den Bevollmächtigten Weber.

Beutl setzte noch bey: ‚Geht nur hinunter in die Lohe, die Tagwerker schlagen euch die Köpfe herunter.'

Der Bevollmächtigte Weber befand sich zufällig in der Nähe, indem er in den Stadl des Joseph Wagner Getreide einlegte. Als er vom Totschlagen hörte, kam er herbey und sagte zum Beutl: ‚Wer will uns totschlagen? Wenn Du mir nicht zu alt wärst, würde ich Dich zu Boden werfen.'

Der Stations-Commandant redete jedoch zum Frieden und darauf gingen wir weiter.

Da ich durch die erzählte Anschuldigung in meiner Eigenschaft als Gemeindebevollmächtigter angegriffen bin, bitte ich von Amts wegen Untersuchung einzuleiten und mir Genugtuung zu verschaffen."

Vorgelesen und unterschrieben: Georg Bichl.

Der als Zeuge geladene Bevollmächtigte Joseph Wagner sagte aus: „Bichl erzählte mir hiernach, was er mit dem Beutl gesprochen und dass dieser uns drey Ausschussmitglieder der ungeeigneten Verwendung des Gemeindevermögens beschuldigt und uns Spitzbuben genannt habe."

gez. Math. Weber.

„Über die von dem gewesenen Krämer Jos. Beutl erlittenen Anschuldigungen hat man letzteren heute (29. August) vorgerufen:

Beutl macht überzogene Ausgaben u. a. für einen Nachtwächter von 180 Gulden und von „Accidenzien" von 250 Gulden, die früher nur mit 50 Gulden zu Buche geschlagen hätten, als Verschwendung geltend. Auch, „dass zum Bau der Brücke bei der Schrafnaglmühl […] ein Aufwand von mehr als 50 Gulden unternommen worden, […] während doch früher der Unterhalt derselben das Aerar getragen hat." Beutl verwahrte sich gegen die Anschuldigung „wg. Umtrieben und Aufhetzungen". Eine Beleidigung als „Spitzbuben" habe es von seiner Seite nicht gegeben: „Dagegen hat mich der Beauftragte Weber einen alten Schäften gescholten."

Das Landgericht hatte zunächst das Fernbleiben Beutls, des Bevollmächtigten Fleischmann (Schrafnagl-Müller) und des Gemeindeschreibers Aigner (Lehrer) moniert: „… nur der Kirchenpfleger Beutl blieb aus und der Gemeindeschreiber Aigner ließ mir geradezu sagen, dass er nicht erscheinen werde." – Bei letzterem handelte es sich offensichtlich um einen Loyalitätskonflikt. Aigner hatte denn auch ein Schreiben der Berufungsinstanz, des Kgl. Landgerichts München vom 3. Sept. 1831 „in Betreff der Subordination" zu gewärtigen und selbst zu quittieren.

Schließlich erschien auch der Ortsvorsteher Windsberger am 30. August beim Landgericht Au, um den o. a. Beschwerden Nachdruck zu verleihen:

„Dass bei einer solchen Auffassung des gesetzlichen Unterordnungsverhältnisses ich außer Stande bin, meine Pflichten als Gemeindevorsteher zu erfüllen, so stelle ich die Bitte, strengste Untersuchung einzuleiten und die Renitentz durch empfindliche Strafen zur Beachtung des schuldigen Gehorsams anzuhalten, außerdem ich genötigt wäre, um die Entlassung von meiner Stelle einzukommen. Ich muß hiebey noch bemerken, daß im Hause des Stiftungspflegers Beutl, welcher Wein und Brandwein schenkt, Spottlieder gegen mich gesungen wurden, wie namentlich vergangenen Sonntag der Badergeselle des Landarztes N. N. in Giesing that ..."

Als Zeugen dafür wurde der Giesinger Milchmann Mathias Mayr, Haus Nr. 74 und der Zimmermann Peter Kämpfer in Obergiesing „und Besitzer eines halben Hauses, 29 Jahre alt, katholisch, verheurathet, Vater von 2 Kindern" vernommen. Letzterer „giebt auf gemachten Vorhalt in bezeichnetem Betreffe an:

Ich war an dem Sonntage nach Jakobi, an welchem, der Zimmerer-Jahrtag gehalten wurde, vormittags nach der Kirche, als sich der Badergeselle des Landarzt Einseln in Giesing, Schrafnaglmüller Sebastian Oßwald, der Milchmann Mathias Mayr in Giesing, der Zimmermann Paffeneder von der Loh und noch einige andere als Gäste in der Weinschenke des Stiftungspflegers in Obergiesing einfanden, darunter auch ich war. Im Gespräche äusserte der Badergeselle, dass er ein Spottlied auf den Gemeindevorsteher in Giesing verfertigt habe, womit er aber noch nicht ganz zu Stande sey. Er sang hierauf die Strofe

„Der Vorstand von Giesing
Ist a Kreutz braver Mo,
Er schimpft ja die Leutln
Wie's er nur grad ko."

Der Schrafnaglmüller, welcher früherhin selbst Vorstand war, verwies ihm dieses, worauf er sich dann zur Ruhe gab. Mehr kann ich über diesen Gegenstand nicht angeben."

Vorgelesen und unterschrieben:
Peter Kämpfer (Protocoll 10. October 1831)

Am 26. November 1831 gab der Milchmann Mathias Mayr als Zeuge zu Protokoll, dass er an die Vorgänge keine Erinnerung habe.

Vom Dorf zur Vorstadt – Untergiesing gewinnt Gestalt

Der Weg zur Eingemeindung

Das „städtische Almosen" lag als bürgerliche Stiftung, als „reiches Almosen", seit dem Mittelalter auf dem Giesinger Schallerhof. Die Beendigung desselben – eine Art „Sozialhilfe" für die nichtbürgerliche Bewohnerschaft in den Vororten Münchens – war im Jahr 1830 erstmals Anlass für die Erörterung der Frage der Eingemeindung der Ruralgemeinde Giesing in die Königliche Haupt- und Residenzstadt München.

„Will die Gemeinde Giesing eine eigene und unabhängige Gemeinde bleiben oder nicht?" Dieser Frage aus München stellte sich am 5. Januar 1830 der Gemeindeausschuss von Giesing, bei dessen Sitzung nicht nur sein Vorstand, der Schrafnaglmüller Sebastian Oßwald, der Gemeindepfleger und Gutsherr von Schloss Birkenleiten Windsberger, der (Kirchen-) Stiftungspfleger Beutl, die Beisitzer Engl, Knoll, Pittermann und Kindlberger, sondern auch der als ordentlicher Pfarrer im Jahr 1827 neu bestallte Johann N. Silberhorn anwesend waren.

Fürs Erste schien man damals in Giesing seine örtlichen Probleme selber lösen zu wollen und zu können. Jedenfalls war man bereit und offensichtlich auch in der Lage, mit Beendigung des „reichen Almosens" auf dem Schallerhof durch Gründung einer eigenen „Pfründner-Anstalt" die Armenfürsorge in die Hände der Gemeinde zu nehmen.

Aber innerhalb von zehn Jahren sollte sich diese Einstellung ändern. Grund dafür war das enorme Wachstum der Bevölkerung, das eingesetzt hatte und mit den Kleinhaussiedlungen in der Birkenau und hinter dem Giesinger Friedhof („Feldmüller-Siedlung") neue Gemeinschaftsleistungen erforderte: Schulhaus, Pfarrhof, Pfründner-Anstalt, Kleinkinder-Bewahranstalt (heute Krippe/Kindergarten). So regte man bereits im Jahr 1839 die „Vereinigung" wieder an, glaubte aber mehrere Bedingungen daran knüpfen zu können, was Straßenbaulast, Feuerschutz und Landwehrbefreiung der bereits Ansässigen betraf. Ferner wollte man die Freizügigkeit der Gewerbe nicht annehmen, wünschte aber die Übernahme der Gemeindemitarbeiter in den „magistratischen", d. h. städtischen Dienst. Selbstverständlich sollte der Schulbetrieb „nach Geschlechtern geschieden" werden, was zwei männliche und zwei weibliche Lehrkräfte erfordere, und wünschte sich von Giesinger Seite zwei bis drei Gemeindebevollmächtigte und einen Magistratsrat. Diese einseitige „Anregung" blieb damals ohne Resonanz. Der Druck zur Eingemeindung ging stärker von der Au und Haidhausen aus, deren Wachstum schon weiter fortgeschritten waren, mit negativen Folgen für die soziale Lage. Dafür gab es in Giesing andere Probleme.

Das Amtsgericht Au rügte die Gemeindeverwaltung Giesing:

„Mit Mißfallen hat man aus einer eingelaufenen Beschwerde erfahren, daß die Berathungen über eingebrachte Ansässigmachungs- und Veranlegungs-Gesuche nicht wie es vorgeschrieben ist, in Sitzungen berathen, sondern daß der Beschluß von dem Gemeinde-Vorsteher und einigen Ausschuß-Mitgliedern gefaßt, und den übrigen zur Unterschrift in die Wohnung geschickt wird, daß der Vorstand des Armenpflegschafts-Rathes nie zu solchen Sitzungen eingeladen, sondern ihm höchstens der bereits gefaßte Beschluß zur Einsicht vorgelegt wird.

Die Gemeinde-Verwaltung wird allen Ernstes auf den genauen Vollzug der Bestimmungen des Gemeinde-Edictes hingewiesen und beauftragt, alle jene Ausschuß-Mitglieder zur Anzeige zu bringen, welche ohne hinreichenden Entschuldigungsgrund aus den Sitzungen ausbleiben.

Die Sitzungen sind so anzuordnen, daß die dabei zu erscheinen Habenden rechtzeitig in Kenntnis gesetzt werden, um ihre anderweitigen Geschäfte in Ordnung bringen zu können.

Die Gemeinde-Verwaltung wird ferner auf die Bestimmungen des Gemeinde-Edictes, wonach bei neuen Ansiedlungen oder Ansässigmachung auf früher nicht bestandenen Anwesen die ganze Gemeinde gehört werden muß, aufmerksam gemacht und deren genauen Vollzug gewärtiget."

Die Rüge mit Schreiben vom 2. September 1838 ist vom Königlichen Landrichter Engelbach (?) unterzeichnet.

Daraus ergab sich eine längere Auseinandersetzung über die Führung der Gemeindeverwaltung mit dem Landgericht Au und der Königlichen Kreisregierung von Oberbayern, Kammer des Inneren, die sich bis in das Jahr 1844 hinzog. Ein umfangreicher Giesinger Schriftsatz aus dem Herbst 1841 ist von der gesamten Gemeindeverwaltung unterzeichnet: Beutl, Vorstand, auch: Vorsteher (dies entspricht in Ruralgemeinden dem städtischen Bürgermeister); Beichl, Gemeindepfleger, sowie den Gemeinde-Ausschussmitgliedern Sebastian Petuell (Loher-Wirt), Joseph Floßmann (Wirt „Letzter Pfennig"), Matthias Weber, Wolfgang Pittermann (Bäcker) und Peter Kitt.

Im Hintergrund der Auseinandersetzung steht das damalige enorme Wachstum Giesings, wie es in den zahlreichen Veranlagungs- und Ansässigmachungs-Gesuchen zum Ausdruck kommt. Es ist die Zeit des Ortsvorstehers Wolfgang Windsberger – Nachfolger des Krämers Joseph Beutl –, des Inhabers von Schlossgut Birkenleiten, der durch seine Dämme in den Isarauen („Pfaffengesträuch") die Entstehung der Siedlung „Birkenau" angestoßen hat. Fast gleichzeitig entstand mit der Zertrümmerung des ehemaligen „Schallerhofs" in Obergiesing nördlich der alten Heilig-Kreuz-Kirche durch die Schlutt-Erbin Therese Feldmüller die später nach ihr benannte Kleinhaus-Siedlung hinter dem alten Giesinger Friedhof.

Insgesamt war die Bevölkerung der Ruralgemeinde (Ober-)Giesing von rund 500 auf 810 Familien mit fast 3.000 „Seelen", d. h. Personen angewachsen. Davon waren im Jahr 1844 nach der für die Weiterverfolgung der Eingemeindungsfrage angeforderten Statistik 2.804 katholisch, 65 protestantisch – überwiegend Zuwanderer aus der Pfalz, sogenannte „Über-Rheiner" – und 11 Personen in zwei jüdischen Familien.

In Giesing gingen 275 Kinder in die Werktagsschule, 195 in die Sonntagsschule. Letztere ist als Vorläufer der späteren Berufsschule für die höheren Jahrgänge zu betrachten. Der Unterricht lag in der Hand der Familie Aigner: des Schullehrers und Mesners Joseph Aigner, seines Bruders Max Aigner und seines Sohnes Martin Aigner, der zugleich Gemeindeschreiber war. Der Unterricht für die Mädchen wurde überwiegend von den Armen Schulschwestern – gegründet 1833 durch Theresia Gerhardinger in der Oberpfalz – bestritten, die sich im Jahr 1845 zur Führung einer Kinderbewahranstalt an der Kistlerstraße 5 in Giesing niedergelassen hatten. Die Ordensfrauen erhielten dort 1871/72 einen Klosterbau, der mehrfach erweitert wurde. Ihnen war auch der Hauswirtschafts- und Handarbeitsunterricht anvertraut, sowie ab 1875 die Führung der Kinderbewahranstalt des „Krippenvereins für die Vorstädte Münchens rechts der Isar" an der Mondstraße 32 (Erweiterungsbau 1932 an der Lohstraße) und eines Knabenhorts im oberen Giesing.

VOM DORF ZUR VORSTADT – UNTERGIESING GEWINNT GESTALT

Kinderbewahranstalt des „Krippenvereins für die Vorstädte Münchens rechts der Isar" an der Mondstraße 32 von 1875.
Bleistiftzeichnung Anton Gaiser 1885.

Nach dem Tod des ersten selbstständigen Giesinger Pfarrers, des tatkräftigen Dechanten Johann Nepomuk Silberhorn am 28.2.1842, wurde der Münchner Geistliche Ferdinand Herbst Pfarrer in Giesing. Dem Geist der Zeit entsprechend war er ein kämpferischer Vertreter katholischer Pressearbeit und gab die kirchliche Zeitung „Sion" heraus. Er war offensichtlich karrierebewusst und bewarb sich schon 1848 auf die freigewordene Pfarrstelle in der Au, wo er somit noch vor der Eingemeindung „Stadtpfarrer" wurde.

In der 1840er-Jahren zog sich die Eingemeindungsfrage der Ortschaften rechts der Isar aus unterschiedlichen Gründen hin. Vorreiter waren dabei die Stadtgemeinde Au und die Ruralgemeinde Haidhausen. Vom Münchner Magistrat wurden mehrfach Unterlagen fiskalischer Art angefordert – etwa Vermögensaufstellungen oder Ein- und Ausgabenrechnungen der Gemeinde Giesing über einen Zeitraum von fünf Jahren hinweg. Mit dem Regierungswechsel im Königreich Bayern – im März 1848 war infolge revolutionärer Unruhen König Ludwig I. zurückgetreten und sein Sohn Maximilian II. ihm auf dem Thron nachgefolgt – kam in die Angelegenheit wieder Bewegung:

„Morgen, Sonntag, dem 21. des Monats nach dem sonnthägigen Gottesdienste findet wieder allgemeine Gemeindeversammlung zu dem Zwecke statt, um sich weiter über den Anschluß der Gemeinde Giesing an die Stadtgemeinde München zu bereden.

Giesing, am 20. Mai 1848

Gemeinde-Verwaltung Giesing" <Siegel>

Das Versammlungsprotokoll schickte der damalige Gemeindevorsteher Pauly am Folgetag, dem 22. Mai, unterzeichnet an das Landgericht Au, was ihm vom Landrichter am 27. Mai bestätigt wurde. Die Erledigung nahm Pauly am 2. Juni 1848 zu den Gemeindeakten.

Das Protokoll beinhaltete hauptsächlich die Frage der Stimmabgabe zur Eingemeindung: An der Abstimmung hatten sich von 554 stimmberechtigten Gemeindemitgliedern 380 Stimmberechtigte (männliche Familien- oder Haushaltsvorstände), das heißt zehn mehr als die erforderlichen zwei Drittel von 370 Stimmen, beteiligt. Für die „Vereinigung" hatten 369 Stimmberechtigte votiert, 11 dagegen.

Im Nachgang wurde noch die Frage angesprochen, dass die Zustimmung die zwei Drittel um eine Stimme verfehlt habe. Dieses „knappe" Zustimmungsvotum mag der Grund dafür gewesen sein, dass man von Seiten Giesings am 17. Februar 1850 die „fehlenden Stimmen" durch eine

Liste der Teilnehmer einer neuerlichen Gemeindeversammlung mit 392 Namen (allerdings mit Doppelungen!) beizubringen versuchte und noch im Dezember 1851 die schriftliche Einholung der Namen von zwei Drittel aller Stimmberechtigten anstrebe. Es zeigen sich möglicherweise darin auch die schnellen Veränderungen der Zahl der Stimmberechtigten durch Wachstum der Gemeinde.

Seitens der Stadtgemeinde München war die Angelegenheit durch einen Magistratsbeschluss vom 30. Oktober 1849 bereits positiv beschieden. Das Vereinigungsbegehren der drei Orte wurde unter der Bedingung angenommen, dass diese die Bezeichnung „Vorstadt" vor ihren Namen setzten, vor allem aber der Integration ihrer gesamten Gemeindefluren in den Burgfrieden der Königlichen Haupt- und Residenzstadt München und der Vermögenszusammenführung mit allen Lasten und Pflichten zustimmten.

Diese beiden Bedingungen bedurften noch außerordentlicher bürokratischer Arbeit, bis nach umständlichen Kostenermittlungen am 6. März 1854 alle Hindernisse – auch in Personalfragen – aus dem Weg geräumt waren.

Erst dann erfolgte die amtliche Bestätigung durch den Erlass der Königlichen Regierung von Oberbayern, Kammer des Inneren, auf Befehl des Grafen Reigersberg vom 17. Mai 1854 mit den entsprechenden Abzeichnungen und Beglaubigungen und der vom 21. Mai 1854 datierten Ausfertigung.

Aus der „Ruralgemeinde Obergiesing" war damit die „Vorstadt Giesing" geworden. Sie umfasste nach der neuen Hausnummerierung und Straßenaufteilung im amtlichen Verzeichnis von 1856 im Ganzen 446 Häuser, davon 86 „Herbergen" mit 206 Wohneinheiten.

Auf das untere Giesing entfielen in der damaligen
- Bäckerstraße (unterer Teil des Giesinger Bergs): 12 Häuser;
- in der Äußeren Birkenau (später Sommerstraße): 36 Häuser;
- in der Inneren Birkenau: 26 Häuser;
- in der Birkenleiten: 2 Häuser;
- in Siebenbrunn und Hellabrunn: je 1 Hof;
- in der Freibadstraße: 14 Häuser;
- in der Lohe (Lohstraße): 73 Häuser;
- in der Mühlbachstraße (dann Hebenstreit-/Kolumbusstraße): 15 Häuser;
- Am Mühlbach: 5 Häuser;
- an der Pilgersheimer Straße: 28 Häuser;
- an der Oberen Weidenstraße: 12 Häuser;
- an der Unteren Weidenstraße: 11 Häuser.

Insgesamt waren das mit 236 von 446 mehr als die Hälfte aller Bauwerke, die überwiegend aus Kleinhäusern und Herbergen bestanden.

Untergiesing gewinnt Gestalt

Mit der Eingemeindung der Ruralgemeinde nach München, wodurch im Jahr 1854 Giesing zur „Vorstadt" wurde, hat eine stürmische Entwicklung begonnen, die ehemals dörfliche Verhältnisse in einen großstädtischen Kontext setzten. Zur ehemaligen Ruralgemeinde gehörte neben dem Bauerndorf (Ober-)Giesing ja bereits die Lohe mit ihren Herbergen samt Giesinger Mühl' und Eichthalscher Lederfabrik, die Kleinhaussiedlung Birkenau und das Schlossgut Birkenleiten. Die neue Vorstadt umfasste aber auch die Ortsteile Harlaching (mit dem Gut Menterschwaige), Siebenbrunn, Hellabrunn und die obere Falkenau. Schon bald wurde klar, dass die alten Instrumente gemeindlicher Selbstverwaltung nicht ausreichen würden, um eine Zukunft innerhalb eines Gemeinwesens ganz anderer Größenordnung zu gewährleisten.

Wesentlicher Schritt dahin war die Errichtung einer städtischen Bezirksinspektion und die Bestellung des ersten Giesinger Bezirksinspektors Anton Gaiser (1850 – 1894) im Jahr 1877. Gaiser war in der benachbarten Au geboren und mit Walburga, geb. Britzlmeier verheiratet; er wurde mit seiner neuen „Behörde" in der Tegernseer Landstraße 99 ansässig.

In seinen ersten Amtsjahren schuf er eine umfassende Bestandsaufnahme der „Vorstadt Giesing", die er im Jahr 1883 handschriftlich niederlegte und mit eigenhändigen Bleistiftzeichnungen versah. Gaisers Amtsbezirk der „Vorstadt Giesing" reichte nach seiner Vorstellung im Norden bis zum Edlinger („Ettlinger") Platz und zur Boos- und Frühlingsstraße. Die rund 100-seitige in Bleistift und kleiner altdeutscher Schrift handschriftlich verfasste Darstellung enthält viele heute unbekannte oder überholte Einzelheiten. Gaiser erlebte die Einweihung der neugotischen

Anton Gaiser, erster Münchner Bezirksinspektor der Vorstadt Giesing.

Heilig-Kreuz-Kirche 1886 und die erste umfassende Großregulierung des Giesinger Bergs samt Abriss der alten Kirche und dem Wegfall der früher zur Lohe zählenden Bäckerstraße auf halber Hanghöhe. Kurz danach ist Gaiser bereits im Jahr 1894 mit 44 Jahren früh verstorben. Das Familiengrab befindet sich auf dem Alten Südlichen Friedhof hinter dem Sendlinger Tor.

Gaiser-Familiengrab auf dem Alten Südlichen Friedhof.

Aus Gaisers Bestandsaufnahme sind wichtige Daten der Entwicklung Giesings zu entnehmen, die hier im Hinblick auf das spätere – und heutige – "Untergiesing" ausgewertet wurden.

Distrikte und Straßen

Die Träger fast aller gemeindlichen Funktionen, auch der nunmehrigen Stadtpfarrei Heilig Kreuz Giesing und ihrer Verwaltung, der Schule und der Polizei, waren fast ausnahmslos im oberen Giesing ansässig. Eine wichtige Ausnahme unter den Honoratioren spielte Ludwig Kester, der Direktor der Lederfabrik, dessen Villa mit Park an der Pilgersheimer Straße stand. Dort ließ sich auch sein Stellvertreter, der Obergiesinger Schmied Adolf Fischer, Mietshäuser errichten:

"Außerdem sind dem Stadtmagistrate als äußere Hilfsorgane die Distrikts-Vorsteher beigegeben: Für jeden Distrikt, deren es in Giesing [...] elf hat, ist ein Distrikt-Vorsteher und für alle Distrikt-Vorsteher ein Obmann und ein Stellvertreter ernannt." Sie wurden zu den Aufgaben der gesetzlichen Armenpflege herangezogen.

"Gegenwärtig sind Nachstehende die Träger dieser Ehrenämter:

1. Obmann der Distriktvorsteher und Vorstand der Bezirkspflegekommission: Fabrikdirector Ludwig Kester
2. Stellvertreter desselben: Adolf Fischer, Schmidmeister (Beide sind auch [...] Mitglieder des Armenpflegschaftsrathes, dann Mitglieder der Bezirksschul-Inspection [...])
3. Vorsteher für den I. Distrikt, welcher die Frühlingsstraße südlich der Ohlmüllerstraße, die äußere Birkenau, Albanistraße, Asamstraße, Boosstraße, Schlotthauerstraße, Schyrenplatz, Schyrenstraße, Claud. Lorrainplatz, Claud. Lorrainstraße und Birkenfeldstraße umfasst, ist der Gänsehändler Josef Rampf – äußere Birkenau 11
4. Vorsteher für den II. Distrikt, welcher die innere Birkenau, obere und untere Weidenstraße, Bischweilerstraße, Frankenstraße, Claud. Lorrainstraße südlich des

Claud. Lorrainplatzes, Lipowskystraße, Pfälzerstraße, Sachsenstraße, Schwabenstraße, Thüringerstraße, Schreyercultur umfasst, ist Bäckermeister Chrysostumus Riegg, äußere Birkenau 24 ½

5. Vorsteher für den III. Distrikt, umfassend die Freibadstraße, Kupferhammerstraße, Pilgersheimer Straße und Birkenleiten, Oefelestraße, Ettlingerplatz, Ettlingerstraße, Kühbachstraße, Hans-Mielichplatz, Hans-Mielichstraße, Candidplatz, Candidstraße, Jamnitzerstraße, Krumpterstraße, Paulaner- und Schwarzstraße, ist Krämer Simon Weber, Pilgersheimer Straße 4a.
6. Vorsteher für den IV. Distrikt, welcher die Bäckerstraße, Bergstraße 1 – 13, Mühlbachstraße und Am Mühlbach umfasst, ist Hutmacher August Killer, Am Mühlbach No. 5
7. Vorsteher für den V. Distrikt, umfassend die Loh- und Mondstraße, ist Schankwirth Josef Pürzer, Lohstraße 73e."

Die Distrikte VI – X liegen in Obergiesing; der XI. Distrikt umfasst Harlaching, Siebenbrunn, Hellabrunn und Harthausen (Menterschwaige).

Die Umschreibung der Distrikte in Untergiesing wird in der Aufstellung des Straßenverzeichnisses, das für ganz Giesing 52 Straßen, 3 Plätze und 8 Weiler, bzw. Einöden umfasst, bis hin zu den Baulinien und den im Jahr 1883 vorhandenen Hausnummern ausdifferenziert. Die Straßen wurden mit ihren Namen, soweit schon bestehend, zum 1. April 1856 bzw. zum 1. Januar 1877 in das amtliche Münchner Straßenverzeichnis aufgenommen.

Gaiser rechnete dabei die neu gewidmeten, größtenteils noch unbebauten Straßen bis ausschließlich der Ohlmüllerstraße zur Vorstadt Giesing, nicht zur Vorstadt Au. Dies sind:

- die Asamstraße (2 Anwesen),
- die Boosstraße (4 mehrstöckige Anwesen),
- die Ettlingerstraße (5 Anwesen) und den nicht regulierten Ettlingerplatz,
- die Frühlingsstraße (10 Anwesen) – ab 1946: Eduard-Schmid-Straße, die erst ab Ohlmüllerstraße zur Au gerechnet wurde und
- die Schlotthauerstraße (noch unbebaut).

Später kommen hier noch die Albani-, die Schwarz- und die Oefelestraße hinzu, die ebenfalls nach bayerischen Künstlern benannt wurden, wie die Straßen und Plätze, die Claude Lorrain, Peter Candid und Hans Mielich gewidmet wurden, die damals erst zum Teil reguliert und noch weitgehend – letzterer bis auf zwei Gärtnereianwesen – unbebaut waren.

Birkenfeld- und Bischweilerstraße sowie Schyrenplatz, Schyren- und Kupferhammerstraße waren bereits benannt, sollten aber, da für Parkanlagen vorgesehen, unbebaut bleiben.

So waren auch im Jahr 1883 im Wesentlichen nur die alten Siedlungskerne und Achsen der Lohe, der Pilgersheimer Straße und der Birkenau dicht besiedelt.

Im Einzelnen benennt Anton Gaiser:

„35. Loh-Straße. Noch im Anfang dieses Jahrhunderts unterschied man in Giesing: Ober-, Untergiesing und Lohe bis letztere Örtlichkeit 1814 aufhörte ein eignes Dorf zu sein und der Vorstadt einverleibt wurde. Das Wort bedeutet männlich und sächlich Wald, weiblich Bodensenkung und wohl auch eine nasse, sumpfige Stelle im Boden, eine Sumpfwiese. Daher erklärt sich der seit 1. April 1856 amtliche Name leicht, der durchaus nichts mit den weit späteren Gerbereien und deren Lohe zu schaffen hat. Die

Lohstraße, die nicht regulirt ist, führt von der Bergstraße am Mühlbach zu der südwestlich vom Candidplatz abzweigenden Querstraße, erhält eine Breite von 8,8 m und ist für sie das offene Bausystem vorgeschrieben. Dieselbe hat 79 Anwesen, die zum Theil in Herbergen und zum Theil aus kleineren Gebäuden bestehen

(No. 1 ... 73c): Das Gebäude No. 52 ist im Jahr 1882 zur Regulirung der Straße abgebrochen worden.

36. Mond-Straße. Sie wird seit 1. Januar 1877 so genannt, nach ihrer im Grundriß einer Mondsichel ähnlichen Gestalt und verbindet, in ihrer Brechung einen freien Platz bildend, die Lohstraße mit der Bergstraße. Für dieselbe, welche eine Breite von 10 Meter – der freie Platz in der Brechung hat 30 Meter im Quadrat – und 23 nur aus gleichförmigen zweistöckigen Wohngebäuden bestehende Anwesen (No. 2 ... 32) hat, ist das geschlossene Bausystem vorgeschrieben.

37. Mühlbach, Am. Die Erklärung liegt in der Bezeichnung selbst, die seit 1. April 1856 amtlich ist. Der Mühlbach hieß ursprünglich Auerbach und ward von Herzog Wilhelm V. ungefähr 20 Fuß breit und 6 Fuß tief bei Harlaching aus der Isar durch die Au geleitet. Seinen jetzigen Namen führt er erst seit Ende des vorigen Jahrhunderts. Diese Straße, welche nur 5 Anwesen hat, verbindet die Bergstraße, am Ufer des Mühlbaches sich hinziehend, mit der Bäcker- und Nockherstraße. Baulinien sind für die Straße nicht festgesetzt, da dieselbe zu der Bauanlage zwischen Bäcker-, Berg- und Mühlbachstraße zugezogen und kassirt werden soll.

38. Die Mühlbach-Straße. Zieht von dem die in der Tiefe liegenden Teile von Giesing und der Au durchfließenden Mühlbach zum Ettlingerplatz. Sie zählte früher zur „Lohe" und hat ihren dermaligen Namen seit 1. April 1856. Für dieselbe, welche zur Zeit noch nicht regulirt ist, eine Breite von 14,6 Meter erhält und 4 Anwesen hat, ist das offene Bausystem vorgeschrieben. Im Anwesen No. 15 befand sich ehedem die Irrenanstalt und das Nikolai-Spital."

Zur ehemaligen Ortschaft „Lohe" wurden ferner gezählt:

„3. Bäckerstraße. Die in dieser Straße fast an deren Ende liegende Bäckerei Scharrer Haus No. 11½ veranlasste den Namen, der seit 1. April 1856 besteht. Sie hieß vordem „obere Birkenau", „zur Falkenau" und „zur Lohe", zweigt von der Bergstraße ab und endet bei der Bahnüberbrückung, hat 13 Anwesen (No. 2 ... 13), ist 8,75 Meter breit und ist für sie das geschlossene Bausystem vorgeschrieben."

Auch der „Bergsteig", ein Fußpfad, auf dem die Auer Leichenbegängnisse zum Friedhof nach Obergiesing führten, wurde teilweise der Lohe zugerechnet.

„5. Bergstraße. Früher theilweise zur Lohe gehörig, zweigt von der Mühlbachstraße ab, zieht sich in südlicher Richtung die Giesingerhöhe hinan und endet bei der Wirthstraße; ihre schon früher übliche Benennung ist seit 1. April 1856 amtlich. Diese Straße, für welche das geschlossene Bausystem vorgeschrieben ist, hat eine unregelmäßige Breite von 8,5 bis 13,3 Meter und 35 Anwesen (No. 1 ... 32)."

Zur Lohe, damit zum späteren Untergiesing, zählen die Hausnummern 1 – 13.

„42. Pilgersheimer-Straße. Sie führt ihren Namen nach einer schon seit 1723 bestehenden Besitzung resp. einem Herrensitz, bei welchem sich der Hofbanquier Franz Anton von Pilgram 1785 ein Schlösschen erbaute, das nun in eine großartige Lederfabrik umgewandelt ist. Der Name, der richtig „Pilgramsheim" geschrieben werden sollte, ist seit 1. April 1856 in das Straßenverzeichnis aufgenommen. Diese Straße, früher zur „Falkenau" und „Grünwalder-

„Gebäude Nr. 1 an der Pilgersheimer Straße. Marianum für Arbeiterinnen". In diesem Neubau der Familie Kester wurde das Marianum zunächst untergebracht. Bleistiftzeichnung Anton Gaiser 1885.

straße" gehörig, verbindet den dermalen noch nicht regulirten Ettlingerplatz mit dem Candidplatz und zieht sich von dort südwestlich gegen Harlaching, ist nach ihrer ganzen Ausdehnung noch nicht regulirt und besteht vom Candidplatz weg nur als Verbindungsstraße mit Harlaching. Für dieselbe, welche eine verschiedene Breite von 10,6 bis 17,5 Meter erhält und 41 Anwesen (1 ... 28) hat, ist das offene Bausystem vorgeschrieben. Im Anwesen No. 1, bei welchem sich ein parkähnlicher Garten befindet, ist das Marianum für Arbeiterinnen (Lehr- und Beschäftigungsanstalt); in jenem No. 2 befindet sich die weltberühmte, einer Aktiengesellschaft gehörige Lederfabrik."

Der Südteil ab Candidplatz wurde erst im Jahr 1891 in „Schönstraße", nach dem Münchner Hofbaumeister Heinrich Schön (†1640), benannt.

Die Kleinhaussiedlung Birkenau, deren Entstehung auf die Planungszeit der Isarregulierung zwischen 1830 und 1840 zurückgeht, umfasste ursprünglich nur vier Straßen:

„6. Birkenau, äußere. Der Grund für die schon alte Bezeichnung liegt nahe;

aus dem Wildwuchs ward zuletzt eine Baumkultur. Seit dem 1. April 1856 unterscheidet man eine „äußere" und „innere" Birkenau, die selbst wieder aus der „Birkenau", „zur Lohe" und „bei den Pfaffenhäusern" hervorgingen. Die äußere Birkenau zieht von der Entenbachstraße weg über den Schlotthauerplatz zur Frühlingsstraße und von da über die Freibadstraße bis zur inneren Birkenau. Dieselbe hat eine unregelmäßige Breite von 8 – 13 Meter, 59 Anwesen (No. 1 ... 42) und ist für sie das offene Bausystem vorgeschrieben.

Hier sei erwähnt, daß in der westlichen Umfaßungsmauer des Gebäudes No. 7 eine Steintafel eingefügt ist, die die Aufschrift „Wasserhöhe 2. August 1851" trägt und in deren Mitte ein horizontaler Strich angebracht ist, welcher 74 cm über dem Niveau der äußeren Birkenau sich befindet. Dieses Gebäude, das am 21. Dezember 1881 ein Raub der Flammen wurde, wird demnächst zur Regulirung der Freibadstraße zum Abbruch gelangen.

7. Birkenau, innere. Früher wie die äussere Birkenau genannt, zweigt von der

unteren Weidenstraße ab und endet in der Nähe des Hans-Mielichplatzes. Dieselbe, für welche das offene Bausystem vorgeschrieben ist, hat eine Breite von 7,90 Meter und 32 meist nur aus einstöckigen Wohngebäuden bestehende Anwesen (No. 1 ... 26).

57. Weiden-Straße, obere. Nach den in der Isarniederung üppig wachsenden Weidengesträuchen benannt. Der Name ist seit 1. April 1856 amtlich; früher gehörte die obere

und untere Weidenstraße zur „Lohe". Die Straße, für welche das offene Bausystem mit Vorgärten zwischen der äußeren Birkenau und dem Bahndamm vorgeschrieben ist und die eine Breite von 13,1 Meter einschl. der 3,5 Meter breiten beiderseitigen Vorgärten hat, verbindet in ihrer seinerzeitigen vollständigen Durchführung die dermalen noch nicht eröffnete Claude-Lorrainstraße und die Lipowskystraße mit der äußeren und inneren Birkenau. Zur Zeit zweigt dieselbe, welche 10 Anwesen (No. 1 … 8) hat, von der äußeren Birkenau ab, kreuzt die innere Birkenau und endet bei Anwesen 4a als Sackgasse.

58. Weiden-Straße, untere. Siehe Weidenstraße, obere. Die Straße, mit der Freibadstraße parallel laufend, verbindet in ihrer seinerzeitigen vollständigen Durchführung die innere Birkenau mit der Pilgersheimer Straße, zweigt dermalen von der äußeren Birkenau ab, kreuzt die innere Birkenau und endet beim Anwesen 7a als Sackgasse. Für dieselbe, welche eine Breite von 13,1 Meter incl. der 3,5 Meter breiten beiderseitigen Vorgärten und 12 Anwesen (No. 1 … 11) hat, ist das geschlossene Bausystem mit Vorgärten vorgeschrieben."

An den Kern der Kleinhaussiedlung gliedern sich – mit ursprünglich ähnlicher Bebauung – an:

„17. Freibadstraße, früher ‚an den Pfaffenhäusern' genannt, verbindet die Schyrenstraße mit der Pilgersheimer Straße. Dieselbe, welche eine Breite von 11,85 Meter und 16 Anwesen (No. 1½ … 34) hat, ist im Jahre 1882 durch den Abbruch von aus Herbergen bestandenen 14 Anwesen und Zurücksetzung der Einfriedungen von den Petuel' und Masoth'schen Anwesen regulirt worden und gelangt zu deren vollständigen Regulirung das Behrmüller'sche Eckhaus (äußere Birkenau No. 7) demnächst zum Abbruche. Die Freibadstraße, für die das offene Bausystem vorgeschrieben ist, ist infolge der Herstellung der Wittelsbacherbrücke und des Schlacht- und Viehhofes, dann Verlagerung des Heumarktes dorthin, eine sehr verkehrsreiche geworden. Die Erbauung von Wohnhäusern an Stelle der abgebrochenen Herbergen steht in Bälde zu erwarten.

33. Kühbachstraße. Wird seit 1. Januar 1877 so genannt, weil sie zum „Kühbächel" führt; ihr früherer Name war „Gebhardweg". Diese Straße, die eine Breite von 14,6 Meter und 12 Anwesen (No. 4 … 22) hat und für die das geschlossene Bausystem vorgeschrieben ist, verbindet den Hans-Mielichplatz mit der Pilgersheimer Straße."

Eine nennenswerte Bebauung gibt es noch im Grenzbereich zur Au mit der

„19. Frühlingsstraße. Ihr Zug gegen Süden, theilweise aufwärts der lieblichen Isaranlagen am rechten Flussufer ist für die Benennung maßgebend gewesen, als diese durch die jetzige Bezeichnung der v. d. Tannstraße frei wurde.

Der Name datiert vom 1. März 1874. Dieselbe zweigt von der Ohlmüllersraße ab und läuft längs der Isar bis zur äußeren Birkenau. Unterhalb der Ohlmüllerstraße gehört die Frühlingsstraße zur Vorstadt Au. Für die Straße, welche eine Breite von 14,60 Meter und 10 Anwesen (No. 19 … 31) hat, ist das geschlossene Bausystem mit Ausnahme der Strecke zwischen der äußeren Birkenau und der Albanistraße vorgeschrieben. Die gegen die Isar zu gelegene Straßenseite darf nicht bebaut werden und ist der zwischen der Straße und dem Isardamm gelegene Theil zu Anlagen, wovon ein Theil bereits hergestellt ist, bestimmt."

Die noch nicht abgeschlossene Planung im Süden der Birkenau wird an den dort vorgesehenen Plätzen deutlich. Sie sind nach Hans Mielich und Peter Candid benannt, denen Gaiser eingangs biografische Notizen widmet:

„12. Candidplatz. ... Der Platz führt des Künstlers Namen seit 1. Januar 1877 und liegt in der Kreuzung der Pilgersheimer- mit der Candidstraße, ist jedoch nur zum kleineren Teil regulirt; für ihn ist das geschlossene Bausystem vorgeschrieben, erhält eine Breite von 63 Meter im Durchmesser und befindet sich an demselben nur ein Anwesen (No. 1).

13. Candidstraße (vide Candidplatz). Für diese noch nicht durchgeführte Candidstraße, welche vom Candidplatz abzweigt und in westliche Richtung gegen die Isarauen läuft, ist das offene Bausystem vorgeschrieben. An derselben befinden sich zur Zeit zwei Anwesen (No. 1 u. 2), wovon das letztere ein von dem früheren Mühlbesitzer Fleischmann erbautes Cendrénhaus (damalige einfache Miethausbauweise, Anm. d. Verf.) hat. In dortiger Gegend eine größere Anzal solcher nur einstöckigen Gebäude – je eines für eine Arbeiterfamilie bestimmt – zu erbauen war die Fleischmann'sche Absicht, welche sich jedoch einerseits, weil dem Unternehmen die hierzu nöthigen Mittel fehlten, anderseits weil der Backstein-Bau ebenso billig, wenn nicht billiger ist, nicht realisirte."

„25. Hans-Mielichplatz. ... Dieser Platz, welcher in seinen Baulinien noch nicht vollständig abgegrenzt ist, bildet ein Halbrondell, liegt nächst der Birkenau in der Kreuzung der Kühbach- und noch nicht eröffneten Hans-Mielichstraße. Zu demselben sind zwei seitwärts in südlicher Richtung befindliche Gärtnereianwesen (No. 7 u. 8) nummerirt. Für ihn, welcher einen ... Durchmesser von 87,5 Meter hat, ist das geschlossene Bausystem vorgeschrieben."

Gaiser hat noch eine Reihe weiterer „projectirte und noch nicht angelegte, im Alignement jedoch bereits festgesetzte öffentliche Plätze und Straßen" mit Namen benannt, welche aber – wie die Frankenstraße, Lipowskystraße, Pfälzer-, Schwaben-, Thüringer und Paulaner Straße – hier nie zur Ausführung kamen.

So kann man summarisch feststellen, dass die Straßennamen der Vorstadt Giesing, wie sie ab 1856 in das Münchner Straßenverzeichnis aufgenommen wurden, im oberen Giesing auf bäuerlich-dörfliche Gegebenheiten zurückgehen; im unteren Giesing spielten das Wasser und der Naturraum der Isarauen bei der Straßenbenennung (Lohe – Lohstraße, Birkenleiten, die Birkenau mit den Weidenstraßen, Mühl-, Küh- und Freibadbach) zunächst eine leitende Rolle, bis im Zuge des Historismus Straßennamen aus der bayerischen Geschichte (Wittelsbacher Brücke, Schyren und Agilolfinger Platz, zuletzt mit zugehörigen Künstlern wie Mielich, Schön, Krumpter und anderen) zum Zug kamen.

„Am Wasser gebaut" – die Isar und ihre Seitenbäche

Schon seit dem Mittelalter galt die Sorge der Siedlungen an der Isar und ihrer Entwicklung der nutzbringenden Bändigung des Wassers. Im Bereich des Stadtgebiets von München konzentrierten sich die Bemühungen auf das Westufer und die dortigen Isarauen. Es war nötig, das Isarwasser in parallel zum Hauptfluss verlaufende Bäche zu leiten, um dort Mühlen unterschiedlicher Art betreiben zu können. Ein weiteres Ziel war es, das Hauptwasser der Isar so zu steuern, dass der Floßverkehr dort zügig vonstattengehen konnte und die gewünschten Uferstrecken stadtnah für Floßländen ausgebaut werden konnten. Dies betraf seit dem Mittelalter vorrangig die westliche Isarau, da sowohl die Stadt München als auch der herzogliche bzw. kurfürstliche Hof dort die wirtschaftliche Nutzung des Isarwassers beanspruchten und die Fahrrinnen der Flöße entsprechend beeinflussten sowie die obere und untere Floßlände samt Anschlusseinrichtungen (Triftbach, Holzgarten) anlegten.

Bis in die zweite Hälfte des 19. Jahrhunderts war die Flößerei das Haupttransportmittel für Bau- und Brennholz, auch Kohle und Holzkohle (Kohleninsel), Natursteine und Kalk. Sogar die Produkte aus der kurfürstlichen Ziegelei am Priel bei Bogenhausen wurden auf Flößen über Brunnbach und Isar und ein Kanalsystem zu den Baustellen nach Schleißheim getreidelt. Selbst Personenverkehr bis nach Wien wurde auf einem „Ordinari-Floß" abgewickelt, das eine Woche unterwegs war (Fahrpreis ein Gulden).

Joseph Scharrer berichtete von der Abreise seines Vaters vom „Grünen Baum" bei der Prater-Insel in den 1840er-Jahren als „fahrenden Gesellen" der Bäckerei Schratzenstaller (Lohe), in die er vorhatte, als Altgeselle einzuheiraten.

Den Wasserbau betrieb man über die Jahrhunderte hinweg durch Uferverbauungen (Wuhren, Wurten), die der Ablenkung von Wassermassen dienten und zugleich Handhabe bei Hoch- und Niedrigwasser boten, den Transportverkehr auf der Isar zu steuern. Außerhalb des engeren Stadtgebiets wurden dadurch nicht selten zu große oder zu kleine Wassermassen abgelenkt, was zu Abschwemmungen von Teilen der östlichen Isarau, sogar zu Einbrüchen des Steilufers führte, an anderer Stelle Anschwemmung von Kies- und Sandinseln, Versumpfungen und Zerstörung von Furten oder andern Flussübergängen zur Folge hatte.

Zum Schutz der jeweiligen bäuerlichen Hintersassen und eigener wirtschaftlicher Interessen waren Grund- und Landesherren gefordert, vermittelnd einzugreifen.

Jede Schneeschmelze, jeder Starkregen konnte mit Hochwasser auch die östlichen Isarauen, Seitenbäche und Altwässer verändern.

Im größeren Umfang wurde die Flussregulierung in der Zeit der Aufklärung ab der zweiten Hälfte des 18. Jahrhunderts staats- und stadtpolitisch thematisiert, um die großen Brachflächen in den Flussauen zu reduzieren und die Auen selbst einer wirtschaftlichen Nutzung oder Bebauung zuzuführen.

Hauptgestalten dieser „Flussdirektion" sind im damaligen Bayern – seit 1790 – der Direktor der Straßen- und Wasserbauverwaltung Adrian von Riedl (1746–1809) und zwischen 1805 und 1817 sein Nachfolger – dann als „Königlicher Generaldirektor" –, der Pommer Carl-Friedrich von Wiebeking (1762–1842) sowie für München dessen Stadtbaurat Franz Karl Muffat (1797–1868) aus Sulzbach (Oberpfalz).

Riedl hatte um 1800 mit Dämmen im Lehel und am Englischen Garten sowie in der Bogenhauser Au begonnen, die zunächst nicht den gewünschten Effekt des Hochwasserschutzes erzielten. Wiebeking setzte das Werk zielstrebig fort, bis er nach der Entlassung des Staatsministers von Montgelas 1817 in den Ruhestand trat, aber weiterhin fachpublizistisch tätig blieb. Den Einsturz der Münchner Ludwigsbrücke beim Katastrophen-Hochwasser vom 13. September 1813 hat er nicht mehr bewältigt. Diese Münchner Hauptbrücke wurde erst zehn Jahre später nach Plänen Leo von Klenzes wiedererrichtet.

Wesentliche Schritte für die Isarregulierung südlich von München wurden in der Zeit des Stadtbaurats Franz Muffat (1797 – 1868) und seiner Nachfolger geleistet.

Stadtgärtnerei und Männerfreibad – Sport

Durch diese Regulierungsschritte entstanden am westlichen Isarufer die Flaucheranlagen und am östlichen Isarufer die Frühlingsanlagen, die zur Heimat der Münchner Stadtgärtnerei (heute Hauptabteilung Gartenbau des Baureferats der LHM) werden sollten. Aus der ehemaligen – südlich gelegenen – Baumschule Bischweiler (Jakob Heiler, 1901) entwickelte sich zwischen Freibadbächl und Isar bis zur Braunauer Eisenbahnbrücke eine große Grünanlage mit Themengärten, wie Rosen-, Flieder-, Duft-, Tast- und Giftgarten und den Freiflächen- und Gewächshausanlagen der Stadtgärtnerei. Im angrenzenden Quartier an der Sachsenstraße mit ihrem markanten Hochbunker war vorübergehend die städtische Müllabfuhr angesiedelt, die die Tradition der Müllentsorgung der Stadt München auf den Feldern Obergiesings dort fortsetzte, bevor sie Ende des 20. Jahrhunderts nach Freimann verlegt wurde.

Hochbunker an der Sachsenstraße.

Vom Männerfreibad zum Schyrenbad – mit der sprichwörtlichen Uhr von der „Giesinger Heiwaag".

Schon 1844 war am Freibadbächl, das parallel zur begradigten Isar verlief, durch Aufstauung des Wassers ein gratis zugängliches Männerfreibad – das älteste Münchens – entstanden, das allerdings zehn Jahre später einem Isarhochwasser zum Opfer fiel. Durch ein Wehr und die Fassung der Wasserfläche darüber durch eine Beschlachtung mit Holzplanken wurde ein Badebecken eingegrenzt. Zur Straße hin gab es ursprünglich auch nur eine Holzplanke, an der später Fahrräder abgestellt werden konnten. Im Jahr 1877 wurde es als „Schyrenbad" wiedererrichtet und nach mehreren Erweiterungen eingezäunt. Allerdings erst im Jahr 1928 wurde es als „Familienbad" auch für Mädchen und Frauen zugänglich – und dann nicht mehr gratis!. Als Kassenraum diente in dieser Zeit das Gebäude der alten sprichwörtlichen „Giasinga Heiwog" mit ihrem Uhrenturm an der Schyrenstraße 2. Der Heumarkt war mit der Verlegung der Münchner Versorgungseinrichtungen aus der Innenstadt in die südlichen Vorstädte ausgewandert und hier von 1897 bis etwa 1914 angesiedelt gewesen. Dessen Uhr ging angeblich notorisch falsch, was zur Redewendung: „Dei' Uhr geht nach der Giasinga Heiwog'!", die sich bis heute erhalten hat, führte.

Zwischen dem Freibad und der Isar war in der Baumschule Bischweiler von Jakob Heiler im Jahr 1896 ein Jugendturnplatz – mit einer figuralen Ringergruppe von Matthias Gasteiger – angelegt worden, dessen Terrain wohl vorher bereits als Radstadion oder Rennbahn des Münchner Veloziped-Clubs gedient hatte. Zumindest soll hier am 15., 17. und 19. August 1894 das sagenhafte dreitägige Duell zwischen dem angeblichen Buffalo-Bill-Sohn S. F. Cowdery aus Texas zu Pferd und dem Münchener Dauerradfahrer und Lokalmatadoren Josef Fischer per Rad stattgefunden haben, das Fischer für sich entschied! So zeigte es wenigstens eine zeitgenössische Illustration von Albert Staehle. Durch den renommierten Schularchitekten Robert Rehlen erhielt die Anlage, die noch heute als städtisches Sport- und Freizeitgelände dient, im Jahr 1901 ein Abschlussgebäude.

Die Freibadstraße verbindet dieses durch Sport dominierte Terrain mit der Pilgersheimer Straße, an deren Ecke zur Kupferhammerstraße im Jahr 1905 das Städtische Brausebad mit der Hausnummer 13 entstand. Es wurde 1938 wegen einer geplanten, aber kriegsbedingt nie realisierten Eisenbahntrasse durch das NS-Regime abgerissen. In unmittelbarer Nachbarschaft, in der Cannabichstraße, war der langjährige Fußball-Nationalspieler des FC Bayern München „Lutte" (Ludwig) Goldbrunner (1908–1981) zu Hause, der die erste Blütezeit des Münchner Fußballs in den zwanziger und dreißiger Jahren beherrschte.

Jugend-Turn-Spielplatz an der Isar mit der Ringer-Gruppe von Matthias Gasteiger 1896.

Sporthalle des TSV Turnerbund von 1897 in Holzbauweise, Ecke Pilgersheimer-/Kupferhammerstraße (dann Luftkriegsruine).

An der Straßenecke gegenüber war im Jahr 1897 in Holzbauweise (Architekt Johann Sepp & Sohn) die Turnhalle des Auer-Giesinger Sportvereins TSV Turnerbund, dessen Gründung auf den Arzt und Historiker der Au, Dr. Josef Freudenberger, am 25. Mai 1882 zurückgeht, entstanden. Freudenberger war auch Mitbegründer der „Freien Vereinigung des 16. und 17. Bezirks" von 1888, hauptsächlich ein Zusammenschluss von Gewerbetreibenden, einem Vorläufer heutiger Bezirksausschüsse. Als Festschrift zu deren 25-jährigem Bestehen brachte er im Jahr 1913 sein Buch „Aus der Geschichte der Au" heraus.

Bei den Kindern und Jugendlichen der Zwischenkriegszeit blieben die „Radl-Rennats" auf den Untergiesinger Straßen noch lange in Erinnerung. Der „Freibadstraßler" Sepp Mayr (1916 – 2000), seit 1933 Vereinsmitglied und später Vorsitzender (1958 – 1982) und Ehrenvorsitzender des TSV Turnerbund, schwärmte oft davon. Die Sporthalle des TSV Turnerbund ums Eck (Pilgersheimer-/Kupferhammerstraße) wurde zum Mittelpunkt nicht nur des sportlichen, sondern auch des gesellig-kulturellen Lebens des Viertels. Dessen Hauptfigur wurde als „Festwart" der Kunststudent und Graphiker Willi Döhler (1905 – 1973), auch ein „Freibadstraßler" aus einem Häusl in unmittelbarer Nachbarschaft. Als Carl Caspar-Schüler und Künstler schon anerkannt – er hatte den begehrten „Dürer-Preis" erhalten – zog er in den Krieg. Als er 1949 aus russischer Kriegsgefangenschaft zurückkam, war die Freibadstraße ein Trümmerfeld und die Halle des TSV Turnerbund abgebrannt. Sepp Mayr zog seinen alten Freund und Nachbarn zum Wiederaufbau

"Lutte" Goldbrunner – "Freibadstraßler", "Fußball-Kanone" des FC Bayern und langjähriger Nationalspieler.

Sepp Mayr – "Freibadstraßler" und Ehrenvorsitzender des TSV-Turnerbund.

Willi Döhler – "Freibadstraßler", Graphiker und Stimmungs-Kanone des TSV Turnerbund.

des Vereins hinzu. Seinen Lebensunterhalt verdiente Döhler als gesuchter Illustrator der verloren gegangenen Altmünchener und Altgiesinger Szenerie bei mehreren Zeitungen (z. B. "SZ-Stadtanzeiger", Münchner Merkur, Münchner Katholische Kirchenzeitung) und mit privaten Publikationen ("Alt-München im Holzschnitt").

Die Brandstätte der Turnhalle wurde für den Bau eines Übernachtungsheims des am 19. April 1950 gegründeten Vereins der Katholischen Männerfürsorge e. V. erworben. Schon im Jahr 1952 stand die neue Heimstätte für obdachlose, suchtkranke oder strafentlassene Männer – zahlreiche Kriegsspätheimkehrer – an der Pilgersheimer Straße 9 – 11 zur Verfügung. Ursprünglich gab es dort große Schlafsäle, nach verschiedenen Umbauphasen dann Mehrbett-, schließlich Doppel- und Einzelzimmer. Die "Gründerväter" waren der Prediger an der Auer Pfarrkirche Mariahilf, Adolf Mathes (1908 – 1972), bekannt als "Bunkerpfarrer", der Haidhauser Mesnersohn Hans Scherer (1906 – 1982), der Giesinger Bildhauer Konstantin Frick (1907 – 2001) und deren Freundeskreis aus "Neudeutschland", der Gruppe am Salesianum, der ehemaligen Kreis-Irrenanstalt in der Hoch-Au, einer katholischen Jugendbewegung der Zwischenkriegszeit, die sich neu zusammengefunden hatte. Als Träger beschäftigt der Katholische Männerfürsorgeverein e. V. derzeit über 500 Personen hauptberuflich in über 20 Facheinrichtungen (Wohnheime, Therapiestätten u. a.). Die jahrzehntelang ehrenamtlich geführte Organisation – auf Adolf Mathes, der es bis zum Landes-Caritasdirektor und Mitglied des Bayerischen Senats brachte, folgte 1972 als Gründungsmitglied der Kaufmann Hans Scherer, später

Nachfolgebau Übernachtungsheim des Kath. Männerfürsorge-Vereins, Pilgersheimer Straße 9 – 11 (erbaut 1952).

die Pädagogik-Professoren Hermann Zeit und Dionys Zink – wurde im Jahr 2009 durch einen hauptamtlichen Vorstand ersetzt.

„Die Pilgersheimer" wurde zum Kern und zum Begriff für Obdachlosenhilfe und Männerfürsorge in München. In der Nähe gab es die Armenspeisung gratis bei den Templern an der Birkenleiten und den Kapuzinern im Kloster St. Anton auf der anderen Isarseite.

Auch der TSV Turnerbund konnte seine Aktivitäten an verschiedene Giesinger und Harlachinger Sportstätten tragen und fand schließlich eine Heimat in der Nachbarschaft des FC Bayern München an der Säbener Straße 49. Er ist mit 3.400 Mitgliedern in 12 Abteilungen derzeit einer der größten Breitensportvereine Münchens.

Hauptverkehrswege

HAUPTVERKEHRSWEGE

Hauptverkehrswege – Brücken

Zu den bedeutenden Verkehrsverbindungen Giesings rechnet der Bezirksinspektor Anton Gaiser zwei „Eisenbahnstraßen", zwei Brücken – ohne die Eisenbahnbrücken – und die 1882/83 eben erst eingerichtete Pferdebahn vom Mariahilfplatz in die Freibadstraße:

„Giesing durchkreuzen auch zwei Eisenbahnstraßen, nämlich die der Tölzer- und Simbacherlinie und befinden sich an ersterer das Bahnwärterhäuschen No. 9, an letzterer jenes No. 5.

Die Tölzerlinie überschreitet die westliche Grenze Giesings bei der Großhesseloher-Brücke und verlässt Giesing zunächst dem Bahnwärterhäuschen No. 9;

die Simbacherlinie überschreitet ebenfalls die westliche Grenze oberhalb des Männerfreibades und verlässt Giesing bei der zunächst dem östlichen Friedhofe befindlichen Ueberbrückung.

Zwei Brücken, nämlich die Wittelsbacherbrücke, die die Verlängerung der Schyrenstraße und des Schyrenplatzes bildet, dann die Fraunhofer-, auch Reichenbach-Brücke genannt an der nordwestlichen Grenze Giesings, verbinden Giesing mit den Stadttheilen links der Isar.

Erstere, die neueste Isarbrücke, im Jahre 1876 vollendet und am 26. August desselben Jahres – als dem Namens- und Geburtsfeste Seiner Majestät des Königs Ludwig II. – dem Verkehre feierlich übergeben, hat zwei steinerne Widerlager und zwei steinerne Pfeiler, sonach drei Öffnungen, die je 46,3 Meter von Widerlagerleibung bzw. von Pfeilermitte zu Pfeilermitte entfernt und mit eisernem doppelt symmetrischen Fachwerk von je 45,54 Meter Stützweite überspannt sind. Die Eisenconstruction besteht für jede der drei Öffnungen aus zwei Haupttragwänden (Fachwerkträgern doppelt symmetrischen Systems) von 45,54 Meter Stützweite und 6,21 Meter Höhe (Abstand der Gurtungsquerschnitte). Die Entfernung der Haupttragwände beträgt von Mitte zu Mitte 8 Meter. Die Fahrbahn liegt zwischen diesen unten mit einer nutzbaren Breite von 7 Meter auf Quer- und Längsträgern und ist auf Wellblech mit Ueberkiesung aus Granitwürfeln von 0,19 Meter Seite gepflastert; die Gehwege liegen außerhalb der Haupttragewände auf Consolen, sind je 2 Meter breit und aus 0,12 Meter starken Granitplatten, welche direct auf der Eisenconstruction auflagern, gebildet. Das Gesamt/eisen/gewicht der Brückenconstruction beträgt 535 Tonnen. Die Brücke, welche einen Gesamtbaukosten-Aufwand von 685.659 Mark erforderte, hat eine Länge von 155,9 Meter.

Den Verkehr mit dem Inneren der Stadt vermittelt weiters die Pferdebahn auf deren Linie Freibadstraße – Viktualienmarkt, welche Linie in ihrer ganzen Länge am 9. Januar 1883 dem Betriebe übergeben wurde."[1] Die Verlängerung dieser Linie zum Candidplatz erfolgte im Jahr 1908.

Das Isar-Jahrhunderthochwasser vom September 1899 hat den Verkehr zwischen Innenstadt und den östlichen Vorstädten stark verändert. Das Brückenbauprogramm der Folgejahre betraf auch die Reichenbachbrücke und die Wittelsbacherbrücke, die das größte Verkehrsaufkommen zu bewältigen hatte, obwohl beide nur beschädigt waren. Erstere wurde 1902 um 25 Meter nach Norden verschoben, um während des Baus einer neuen Brücke als Notbrücke zu dienen. Bei letzterer wurde die ursprüngliche Eisenbrücke nach Süden transferiert, um der Errichtung der späteren Brudermühlbrücke zwischen Sendling und Untergiesing zu dienen. An alter Stelle wurde 1904/05 nach Plänen von Theodor Fischer und Heinrich Grüb eine neue Steinbrücke

Alte Wittelsbacher Brücke (Eisenkonstruktion) von 1876. Mit Tram-Gleis zum Kolumbusplatz (seit 1896).

gebaut, der Fischer „mit durchbrochenen Erkerbauten und nicht zuletzt mit dem hochaufragenden Pfeiler für das von Georg Wrba geschaffene Standbild Ottos von Wittelsbach ein neues Gesicht" gab.

Dieser Isarübergang hatte schon ab 1892 die Verbindung der Straßenbahn vom Hauptbahnhof/Bayerstraße durch die Goethe-, Kapuziner- und Humboldtstraße zur Pilgersheimer Straße hergestellt. Von dort aus wurde sie 1895 bis zum Kolumbusplatz und schließlich elektrifiziert über den regulierten Giesinger Berg und die Tegernseer Landstraße

HAUPTVERKEHRSWEGE

Brückenneubau nach dem Jahrhundert-Hochwasser vom September 1899. Die alte Eisenbrücke blieb als Hilfe zu Bauzwecken vorerst erhalten.

bis zum Ostfriedhof im Jahr 1896 weitergeführt. Die Folgejahre brachten Streckenverlängerungen und Ergänzungen durch Umkehrschleifen etwa am Kolumbusplatz, Stationshäuser und Wartehallen, teilweise mit Bedürfnisanstalten wie am Candidplatz, an der Pilgersheimer Straße und am Ostfriedhof.

Erst die Jahre nach den Olympischen Spielen von 1972 brachten die U-Bahntrassen vom Hauptbahnhof zum Kolumbusplatz und von dort – mit Abriss der „Scharrer-Häuser" und der Treppenanlage am Giesinger Berg – zum Giesinger Bahnhof bzw. über den Candidplatz und Wettersteinplatz nach Harlaching.

Eisenbahnerschließung jenseits der Isar[2]

Schon zwischen 1851 und 1857 kam die Gemarkung der Ruralgemeinde und – im Zug der Eingemeindung nach München – der Vorstadt Giesing mit den Eisenbahnplanungen des Königreichs Bayern – der „Maximiliansbahn"

HAUPTVERKEHRSWEGE

– in Berührung. In diesen Jahren wurde zwischen der Ortschaft Großhesselohe westlich der Isar und den Gutsbezirken Menterschwaige und Geiselgasteig östlich davon für die Bahnlinie nach Holzkirchen und Bad Tölz bzw. nach Rosenheim auf 30 Meter hohen, aus Ziegel gemauerten, mit Nagelfluh verkleideten Pfeilern eine Brücke gebaut, ohne Bahnhof oder Haltepunkt, nur mit einem Bahnwärterhäuschen auf Giesinger Seite. Konstrukteur war der damalige Direktor der Königlich Polytechnischen Schule, August von Pauli; die technische Ausführung besorgte Heinrich Gerber in der Nürnberger Firma Klett & Cie. Eröffnung war am 31. Oktober 1857.

Auch die weitere Eisenbahnerschließung des Münchner Ostens orientierte sich zunächst an diesem Isarübergang, bis anderweitige Wirtschaftsinteressen in den im Jahr 1854 neu einverleibten Vorstädten Au, Haidhausen und Giesing eine andere Trassenführung und Situierung eines östlichen Bahnhofs nahe legten. Im Wettstreit miteinander traten Bürgerkomitees aus den Vorstädten für die jeweils ihren Interessen dienliche Lösung ein.

Von Giesing aus favorisierte man Bahnhof und Lagerhalle am Freibad in Isarnähe, was die Erschließung großflächiger neuer Gewerbegebiete in den westlichen und östlichen Isarauen ermöglicht hätte. Eine weitere Option war die Situierung der Bahneinrichtungen an der Hochstraße nördlich des Nockherbergs, die aber eine aufwendige Straßenverkehrserschließung notwendig gemacht hätte.

Das zahlenmäßig starke Haidhauser Bürgerkomitee wünschte sich eine „große Lösung" mit stattlichem Bahnhof

Die Wittelsbacher-Steinbrücke von 1903 mit dem Reiterstandbild des Herzogs Otto von Wittelsbach von N. N. (Aufnahme 2021). Mit Blick auf die Türme des Marianum und der Heilig-Kreuz-Kirche.

und eigener Verwaltung östlich der Rosenheimer Straße, etwa am Gasteig. Man wusste einen Großteil der Münchner Brau- und Ziegelindustrie hinter sich.

Zum Zug sollte schließlich die weiter nordöstlich schon im „Ziegelland" beim „Kuisel"-Anwesen liegende Lösung kommen, wo Baron Karl von Eichthal (1813–1880) als Großgrundbesitzer noch unbebautes Terrain zu günstigem Preis anbieten konnte. Eichthal verfügte auch über die entsprechenden politischen Kontakte, waren er und seine Familie doch wesentlich an der Finanzierung der Bayerischen Ostbahngesellschaft beteiligt, deren Direktor Gustav Ritter von Schlör (1820–1883) gewesen war. Diesem oblag als Minister für Handel und öffentliche Arbeiten des Königreichs Bayern politisch auch die Verantwortung für den Eisenbahnbau. Schlör vertrat als liberaler Wirtschaftspolitiker Gewerbe- und Zollfreiheit auch für den flächendeckenden Ausbau des bayerischen Eisenbahnnetzes.

Die Lösung der Frage eines neuen Isar-Bahnübergangs und Schaffung eines Bahnhofs im Osten Münchens hatte für ihn Priorität, weil von dort aus eine neue internationale Trasse über Mühldorf – Simbach – Braunau nach Österreich führen sollte. Damit würde eine wirtschaftlich attraktive Verbindung zwischen dem Rhein-Main-Gebiet, München und den wirtschaftlichen Zentren der k.u.k.-Monarchie, Linz – Wien – Budapest geschaffen. Zeitlich war man im Verzug, weil sich die private Eisenbahnbaugesellschaft auf österreichischer Seite zwischen Schärding (im Innviertel) und Braunau entscheiden musste, was Mitte der 1860er-Jahre durch die Niederlage gegen Preußen bei Königgrätz/ Sadowa (1866) und den „Ausgleich" mit Ungarn (1867) aus innen- wie außenpolitischen Gründen in der Habsburger Monarchie sehr schwierig war.

Trotz Einschaltung der Gremien der Königlichen. Haupt- und Residenzstadt München, des Magistrats und der Deputiertenkammer, ja sogar einer Appellation an König Ludwig II., gelang es nicht, örtliche Interessen gegenüber staatlicher Planungs- und Finanzhoheit zur Geltung zu bringen; die Vorstädte gingen leer aus. Noch mehr: Die Giesinger mussten eine Brücke samt Eisenbahndamm, der das Stadtviertel zerschnitt und mit Emissionen beeinträchtigte, ohne Bahnhof und wirtschaftliche Anbindung an die Eisenbahn, hinnehmen. Der Traum von steigenden Immobilienpreisen und wirtschaftlicher Prosperität des Viertels war ausgeträumt.

---

1 Aus: Anton Gaiser, Giesing. Die Vorstadt der Kgl. Haupt- und Residenzstadt München. 1883, S. 43 f.

2 Ausführlich: Thomas Guttmann: Giesing und die Eisenbahn. München 1998

Die Eisenbahn zerschneidet das untere Giesing

Von der Braunauer Eisenbahnbrücke über die Isar bis zum Einschnitt am Giesinger Berg und der Nordmauer des Ostfriedhofs verläuft noch heute eine markante Bahntrasse, die seit der Bauzeit in den 1860er-Jahren Untergiesing zerschneidet und einen lauten Lärmschwall durch den Stadtteil zieht.

Dabei hatte alles verheißungsvoll angefangen: Gewerbetreibende und Grundbesitzer hatten den Wunsch nach einer Verbindung zwischen Hauptbahnhof und Südbahnhof in den Osten von Haidhausen mit einem „Bahnhof am Freibad". Ihr Ziel war Gewerbe- und Wirtschaftsförderung und Anhebung der Bodenpreise und „Grundrenten" (Renditen).

Ziel des Königlichen Bahnstreckenbaus war eine kürzere Verbindung von München ins heutige Österreich und zum Brenner. Ein Bahnhof bzw. eine Haltestelle in Giesing war nicht eingeplant. Über den Verlauf berichtet der Zeitzeuge Josef Scharrer:

„Durch Giesing wurde im Jahre 1866 vermessen."

Es war geplant, dass die Linie von der Isar her oberhalb der Bäckermühle über den Mühlbach ginge – Ziel des Königlichen Bahnstreckenbaus war – anstelle der Verbindung Großhesseloher Brücke – Holzkirchen – Rosenheim – die (kürzere) Verbindung von München über Simbach/Braunau nach Linz und Wien und über Grafing und Rosenheim nach Salzburg und zum Brenner. Ein Bahnhof bzw. auch nur ein Zughalt in Giesing war in der Planung nicht vorgesehen.

Der Bahnhof wäre dann zwischen Deisenhofener- und Rosenheimerstraße gekommen.

„In Folge der Sonderinteressen einiger Giesinger und maßgeblicher Persönlichkeiten im Ministerium (Es galt unbedingt die bereits von Bankier Eichthal gekauften Plätze zu erwerben. Aber trotz dem hohen Erlös war es nicht möglich, das Fallissement (Bankrott) dieser Firma aufzuhalten. Von Schlör wurde dieser für Giesing so wichtige Plan aufgegeben und die Linie nördlich von Giesing schief durch die Birkenau gewählt. Da gab es viele Prozesse und schließlich Expropriationen. Von der Columbusschule bis zur Kupferhammerstraße wurden 8 Häuser abgebrochen.

1867 begann der Bau mit der Aufstellung eines hohen, festen Gerüstes vom Berghang bis zur Isar. Auf ihm verkehrten die Rollwagenzüge zur Auffüllung des Dammes. Das ganze Gerüst blieb im Damm. Beim Brückenbau über die Isar wurde zum erstenmale in München Beton und zur Beleuchtung bei der Nachtarbeit elektrisches Licht verwendet. Neben der hölzernen Werkbrücke war ein hoher hölzerner Turm aufgestellt, auf welchem sich eine elektrische Sonne befand, deren Licht durch die untenstehende Lokomobile (mobile Dampfmaschine zur Erzeugung von Elektrizität für Bauzwecke, Anm. d. Verf.) erzeugt wurde. Da gab es Tag und Nacht Zuschauer.

Am 15. März 1871 war die Eröffnung der neuen Bahnlinie. Früh 6 Uhr fuhr der erste Zug vom Südbahnhof (ehemals im Schlachthofviertel, d. Verf.) ab. Eine große Menschenmenge war unten und oben am Berghang versammelt, um dieses Schauspiel zu genießen. Es verkehrten nun täglich 3 Züge am Tage. Erst am 15. Mai wurde der Schnellzugverkehr von der Holzkirchner- auf die neue Linie verlegt."

HAUPTVERKEHRSWEGE

Der Bau des hohen Eisenbahndamms zwischen Braunauer Brücke und dem Einschnitt am Giesinger Berg unterhalb der bald in Bau befindlichen neuen Heilig-Kreuz-Kirche führte zur Schädigung von Gewerbetreibenden (Fiakern, Gänsehändlern) und Hausbesitzern im Umfeld der Bahntrasse in der Birkenau, Pilgersheimer-, Loh-, Kupferhammer- und Freibadstraße durch den Lärm des Bahnbetriebs „über die Köpfe" der Bewohner der Pfründner-Anstalt und des Irrenhauses (städtische Stiftungen) hinweg. Sie führte auch zur Zerschneidung der weitläufigen Gärten zwischen Mühlbach- und Freibadstraße. Die Stadt München musste beide Einrichtungen auflassen und Restflächen von den Stiftungen erwerben bzw. weiterverwenden. Die Ersatzeinrichtungen, die Bezirks-Irrenanstalt an der Auerfeldstraße (Hochau) und das Städtische Armenhaus St. Martin (am Ostfriedhof) entstanden 1870 bzw. erst 1896. Dadurch hatte die Stadt im unteren Giesing Zugriff auf die entsprechenden Grundstücke, die 20 Jahre später zum Bau des Schulhauses am Kolumbusplatz und zur Situierung der Stadtentwässerung am Auer Mühlbach dienten. Erhalten blieb bei diesen umfassenden Veränderungen bis zum heutigen Tag das ursprünglich zur Auflassung vorgesehene kurze Straßenstück „Am Mühlbach" in der nördlichen Verlängerung der Lohstraße und des Quartiers an der Mondstraße.

Die Birkenleiten – ein Industrie-Revier?

Die Birkenleiten – Industrierevier oder Villenviertel?

Die Entstehung eines Hofguts mit erweiterten Hofmarksrechten und einer neuen Papiermühle südlich der alten Schrafnaglmühle am Mühlbach, der dort direkt unter der steilen Hangkante verläuft, war eine Art kurfürstliche „Wirtschaftsförderung" zur Behebung eigener Finanznöte und Staatsverschuldung im ausgehenden 17. und beginnenden 18. Jahrhundert gewesen. Die damit bedachten Hofadelsfamilien des Truchsess von Winklsperg, der dort ein charmantes Barockschlösschen erbauen ließ, und der Familie von Mayr und ihrer Nachfolger, welche die Papiermühle betreiben ließen, wurden im 19. Jahrhundert von bürgerlichen Eigentümern abgelöst.

Bei dem Hofgut Birkenleiten war dies beim Erwerb um 22.000 Gulden im Jahr 1817 – die adeligen Hofmarksrechte waren mittlerweile „erledigt" – der Direktor („Hausmeister") des Strafarbeitshauses in der Au, Johann Georg Reiter. Nach dem frühen Tod Reiters 1821 heiratete sein Nachfolger als Leiter des Strafarbeitshauses, Wolfgang Windsberger, ein Jahr darauf dessen Witwe Walburga, die bereits vier Jahre später 41-jährig im Kindbett verstarb. Er war dadurch auch Inhaber des Hofguts Birkenleiten geworden, auf dem aber noch 30.000 Gulden „Vatergut" aus der vormaligen Reiter-Ehe lasteten. In zweiter Ehe heiratete Windsberger 1829 die um drei Jahre ältere Majorswitwe Therese Steinmetz, die ehedem in Obergiesing begütert gewesen war, und wurde auch Nachfolger des Müllers Oswald als Ortsvorsteher der Ruralgemeinde Obergiesing und danach deren Gemeindepfleger. In den Jahren zwischen 1830 und 1840 parzellierte Windsberger seine große Wiese zwischen Kühbach und Freibadbächl bzw. Isar und verkaufte fortlaufend kleinere Bauplätze von 300 bis 600 Quadratmetern, woraus in den Folgejahren die Kleinhaussiedlung Birkenau entstehen sollte. Die zweite Ehefrau Therese starb bereits 1842 mit 56 Jahren, was wohl der Grund für die Veräußerung des Gesamtguts an den Rittmeister Karl von Zurwesten am 15.10.1845 gewesen sein mag. Das Gut bestand damals aus dem Schloss, der Landwirtschaft mit allen Nebengebäuden und – trotz der fortlaufenden Baugrundverkäufe – aus 222 Tagwerk Grund und erbrachte 60.000 Gulden. Bereits neun Jahre später erfolgte am 15.9.1854 mit dem Weiterverkauf an den Magistrat der Stadt München im Zug der Eingemeindung Obergiesings das Ende des Hofguts, nach der Kaufurkunde wie folgt:

Schloss und Hofgut Birkenleiten.

„Das Schlossgebäude, Kuhstall mit Heuboden zu 62 Stück Vieh, das daran stoßende Gebäude enthaltend Pferde-, Hühner-, Schweinestall, Streuhalle, Zimmerhalle (Holzhalle), Chaisenremise, Heuboden und Getreidekasten, eine große Wagenremise, ein Stadel mit 2 Dreschtennen und einen Getreidekasten, ein Gewächshaus, einen Wagenschuppen.

Der Grund umfasst 111 Tagwerk Äcker, 20 Tagwerk Wiesen, 4 Tagwerk Holz am Harlachinger Hang und 67 Tagwerk Holz im Grünwalder Bezirk."[1]

„Gründerzeit" am Mühlbach

Vom Magistrat wurden die landwirtschaftlichen Flächen überwiegend an Obergiesinger Bauern, wie etwa den „Hauserbauern" Knoll weiterverkauft. An den Grundstücken am Mühlbach, dessen Wasserkraft genutzt werden konnte, siedelten sich in den folgenden Jahrzehnten Industriebetriebe an. Die alten Obergiesinger Hausnummern 246 und 247 wurden umnummeriert in 67 und 68, dann 394 und 395, schließlich 195 und 196, alles noch unter den „alten" Besitzern, dem Schlossgutsbesitzer Wolfgang von Windsberger und dem Papiermüller Michael Brandmüller.

Nach dem seit 1856 gültigen Stadtadressbuch war das Schlösschen zunächst Birkenleiten 1, die Papiermühle Birkenleiten 2. Dies sollte sich in den Folgejahren insofern ändern, als sich 1859 zunächst die Garnfabrik Caspar Borst am Mühlbach niederließ, bald gefolgt von der Maschinenfabrik der Gebrüder Ungerer, die im Schloss ihren Firmensitz etablierte und am Mühlbach die Produktionsgebäude erstellte, während 1863 die Papiermühle von dem Bad Cannstatter Müller Kraemer gekauft und Zug um Zug in eine moderne Getreide-Kunstmühle umgewandelt wurde.

Damit hatte mit dem Bau der Eisenbahntrasse vom Münchner Hauptbahnhof über die Braunauer Eisenbahnbrücke zum Haidhauser Bahnhof (später Ostbahnhof) in den 1860er-Jahren – noch vor dem deutsch-französischen Krieg von 1870/71 – die Gründerzeit Einzug in Giesing gehalten. Der leitende Industriezweig des Eisenbahnbaus war in München seit über einer Generation mit Pionierleistungen (Baader, Maffei, Himbsel, Krauss) vertreten und hatte sich dem technologischen Ausbau in zahlreichen Zuliefererfirmen zugewandt. Dazu gehörte an hervorragender Stelle das Unternehmen der Gebrüder Ungerer in der Birkenleiten, die aus einer Schlosserfamilie der Maxvorstadt in der Dachauer Straße am Rand der Münchner Altstadt stammten. (Ein weiterer Zweig der Ungerer-Familie betrieb Cafés in der Altstadt und in Schwabing, dort auch eine Badeanstalt, und machte sich einen Namen als Pionier der ersten elektrischen Straßenbahn in München-Schwabing.) In der Maxvorstadt hatte Fritz Ungerer sen. bereits 1851 eine Eisengießerei und Maschinenfabrik gegründet und 1866 mit der schon 1826 gegründeten Mannhardtschen Werkzeugmaschinenfabrik fusioniert. Friedrich Ungerer jun. war mit dieser Firma auf das neue Gelände an der Birkenleiten – mit Firmensitz im Schlössl, Hausnr. 1 – gezogen, wo er, vermutlich vorerst als stiller Teilhaber, die Firma an Josef Kernaul veräußerte, wie aus einem Inserat von 1875 hervorgeht. Dieser war vorher Werkstätten-Direktor in der 1868 gegründeten Lokomotiv-Fabrik Krauss auf dem Münchner Marsfeld, unweit der ehemaligen Ungerer-Stammfirma gewesen. Kernaul hatte das Ziel, mit dem Know-how, das er von Krauss mitbrachte, die Produktion in der neuen Firma „Josef Kernaul & Co, München-Vorstadt Giesing" vor allem durch Kranen- und Kesselproduktion zu erweitern und sich selbständig zu machen. Dies scheint nicht geglückt zu sein, denn bereits 1877 sind Anton Franz und Karl Ungerer sowohl Besitzer der Immobilie an der Birkenleiten wie auch Inhaber der „Ungerer'schen Eisen- und Lokomotivfabrik München 9,

DIE BIRKENLEITEN – EIN INDUSTRIE-REVIER?

Birkenleiten 5c". Im Jahr 1886 wird die Firma unter dem Namen „Maschinenfabrik München" in eine Aktiengesellschaft umgewandelt, deren technischer Direktor Anton Ungerer ist. Er, der Prokurist Ed. Bandel und der Ingenieur Bayer, sind ebenso wie der Kutscher Max Ortlieb und der Hausmeister Matthias Doll mit ihrem Wohnsitz im Schloss angegeben. Mit der Sättigung des Eisenbahngeschäfts verlegt sich die Firma ab 1890 erfolgreich auf die Produktion von Großkesselanlagen und Brauereiausstattungen. In diesen Jahren sind auch die Villenbauten an der Birkenleiten – mit neuen Hausnummern – entstanden:

- Birkenleiten 1a wurde vom Fabrikvorstand Anton Ungerer als neoklassizistisches Privat-Palais mit Gartenhaus und dem „Fake" einer spätromantischen Burg im Stil der Schwanthalerschen Burg Schwaneck bei Pullach im Isartal genutzt.
- Birkenleiten 1b war eine „Villa im Heimatstil" mit Walmdach, Erkern und Altanen, nach der Mode der Zeit, für Karl Ungerer.
- Birkenleiten 1c baute der Hofgoldschmied und Juwelier Karl Winterhalter als repräsentative Villa in historisierendem Stil.

Der Firmensitz der Maschinenfabrik selbst verblieb im Schloss Birkenleiten 1, wo auch weiterhin leitende Angestellte oder einfache Bedienstete derselben wohnten. Die Blüte der Gründerzeit am Mühlbach dauerte jedoch nicht sehr lange, da beide Brüder Ungerer noch vor der Jahrhundertwende verstarben und die Firma selbst wenige Jahre später in Konkurs ging.

Das Palais Birkenleiten 1a von Anton Ungerer mit seinen Zugehörigkeiten erbte dessen Sohn Joseph und ging, nachdem sich dort in der Zeit nach dem Zweiten Weltkrieg eine Templergemeinschaft neu gegründet hatte, durch Erbfall an die Stadt München über. Da das ehemalige Ungerer-Palais aus baulichen Gründen Ende der 1960er Jahre dem Abriss anheimfiel, mussten die Templer eine neue Bleibe für ihre Gemeinschaft finden. Die Stadt München bot an, die frühere Winterhalter-, dann Eckart-Villa, ehemals Birkenleiten 1c, zu pachten und zu beziehen, später zu erwerben und auszubauen. Die zweite Ungerer-Villa, Birkenleiten 1b, wurde von der Erbin und Witwe Karl Ungerers, Johanna, an den Offizier Konrad Freiherrn von Baßus, königlicher Reserveoffizier, verkauft; sie behielt sich jedoch dort lebenslanges Wohnrecht vor. Nach dem baldigen Konkurs der früheren Ungerer-Maschinenfabrik München AG um 1905, in welchem die Firma L. M. Adler OHG das Schlösschen samt Betriebsgelände ersteigert hatte, wurde ersteres an die Familie des Kunstmühlenbesitzers Otto Kraemer und seine Frau Anna als Wohnsitz weiterverkauft, in welchem neben dem Hausmeister weitere Personen als Mieter gemeldet waren. Auf dem verlassenen Betriebsgelände siedelten sich, teils unter Nutzung der ehemaligen Fabrikanlagen am Mühlbach, neben Adler die Eisengießerei Zellerer und die Maschinen- und Motorenfabrik GmbH der Gebrüder Baumann an. Wegen der Erweiterung der Industrieansiedlung am Mühlbach und der damit verbundenen Ruß- und Lärmbelästigungen ließ Baron von Baßus seine Villa (ehemals Birkenleiten 1b) abreißen und verpachtete den dazugehörigen Grund an die Familie Emmer, die dort eine Gärtnerei errichtete.

Diese Entwicklung ergab für die Birkenleiten vor dem Ersten Weltkrieg folgende neue Nummerierung:

DIE BIRKENLEITEN – EIN INDUSTRIE-REVIER?

- 5a
  Gebr. Baumann Maschinen- und Motorenfabrik, 0
  ehem. Ungerer-GmbH & Cie, Kommanditgesellschaft
  Fabrikgelände   Trunk Nikolaus, Portier   1
- 7
  Fa. Joseph Zellerer & Söhne, Eisengießerei   dto.
- 13
  Fa. L.M. Adler OHG   dto.
  Eichner Johann B., Sägewerksarbeiter   0
- 15
  Krützner Eugenie, Rentierwe.   Schlösschen
  Steinbeis Otto, Kommerzienrat
  Lindermayr Martin, Hausmeister   0
  Kraemer Otto, Kunstmühlbesitzer   1
- 16
  Dietl Xav., Fuhrwerksbesitzer   neu
  (ehem. Kranzfelder Bened., Kuttler
  Hofgutgel.)
- 17
  Ungerer Joseph, Maschinenfabrikant   Palais
  A. Ungerer-
  Rester Adam, Gärtner   RG. 1
- 35
  Erben des Juweliers Karl Winterhalter   Winterh.-Villa
  Zimmermann Franz, Hausmeister   0
  Winterhalter Julius, Juwelier   2
- 41
  Kraemer Friedrich, Kunstmühlbes.   Kraemer-Mühle
  Kraemer Lydia, dessen Gattin   0
  Kraemer Otto, Kunstmühlbesitzer   0

Industriebebauung am Mühlbach in der Birkenleiten. Nach der Insolvenz der Ungerer-Eisenbahn-Betriebe siedelten sich dort bis zum Zweiten Weltkrieg verschiedene Firmen an. Hier Eisenwerke Baumann (oben) und Folgefirmen (am Mühlbach).

Erst nach dem Ersten Weltkrieg hat sich auf dem der Firma Adler verbliebenen Gelände mit der Hausnummer Birkenleiten 11 die Deutschen Werkstätten AG angesiedelt. Die Inflation von 1923 bedeutete das Ende der Motorenfabrik Baumann, in deren Hallen sich dann die Metallätzerei Demmel niederließ.

Die Auseinandersetzung um die Entwicklung des Isartals war seit dem Ausbau des Isar-Werkskanals ab 1889, der Gründung des Isartalvereins 1902 und des Tierparks Hellabrunn 1909 auf dem Gelände des gleichnamigen ehemaligen Hofguts nicht zur Ruhe gekommen. Die Nagelfluhwände östlich des Tierparks hinauf zur Harlachinger Hochleite mussten künstlich befestigt werden, um deren Abrutschen auf den Tierpark zu verhindern. Der gewerblichen Nutzung der östlichen Isarauen südlich der Frühlingsanlagen der Stadtgärtnerei, dominiert durch die Großbetriebe der Bäcker- und der Kraemer-Kunstmühle und deren Logistikbedarf, der Nachfolgebetriebe der Ungerer-Maschinenfabrik und zahlreicher Gärtnereien, stand mit dem Tierpark und dem Naturschutz für das Isartal zunehmend öffentliches Interesse und das Privatinteresse weniger Villenbesitzer gegenüber, das auch in der Stadtverwaltung vertreten wurde. Zumindest war dort auch während der NS-Zeit zunehmende Zurückhaltung gegenüber gewerblicher Expansion zu erkennen. Inwieweit persönliches Interesse von NS-Funktionsträgern, die sich in Harlaching, Geiselgasteig und Grünwald mit Wohn- oder Dienstsitz niedergelassen hatten, eine Rolle gespielt hatte, ist nicht belegt.

Einen Einschnitt bildete der Zweite Weltkrieg insofern, als seit 1938 die ehemalige Winterhalter-Eckart-Villa (Birkenleiten 35) in städtischem Besitz war und das angrenzende ehemalige Baßus-Grundstück (Birkenleiten 31) 1955 vom Erben parzelliert wurde: Auf der nördlichen Parzelle (Birkenleiten 29) errichtete ein Installateur Berger im Jahr 1959 ein Wohnhaus; die mittlere (Birkenleiten 31) ging ins Eigentum der Gärtnerei-Pächterfamilie Emmer über, welche die Gärtnerei in der Folgezeit auflöste; die südliche (Birkenleiten 33) kam an die Firma Marmor-Hofmann. Schon 1953 war aus dem Ungerer-Nachlass das ehemalige Palais mit Nebengebäuden (Birkenleiten 27) an die Stadt München gefallen, die dort bis zum Abriss im Jahr 1969 dem neuentstandenen Archiconvent der Templer pachtweise Unterkunft bot, bis dieser anschließend die ehemalige Winterhalter-Eckart-Villa (Birkenleiten 35) bezog und diese in den Folgejahren ausbaute.

---

1 Zit. nach Heinz Haftmann, Das Dorf Obergiesing. München 2013, Seite 147

Die Birkenau:
Taglöhner, Gänsemäster und Fiaker

DIE BIRKENAU: TAGLÖHNER, GÄNSEMÄSTER UND FIAKER

Die Anfänge der Siedlung Birkenau

Das alte Unter- oder Niedergiesing lag am heutigen Nockherberg. Das heutige Untergiesing bestand vor 200 Jahren aus der Ortschaft „Lohe" am (Auer) Mühlbach unterhalb von Obergiesing. Weiterhin befanden sich dort seit 1801 nur das Irrenhaus (ehemals Hofbediensteten-Krankenhaus), die Giesinger (Schrafnagl-)Mühl' (später Bäcker-Mühle, Höhe Candidplatz) und die Edelsitze Birkenleiten und Pilgramsheim. Letzterer war wohl aus einem „Rekreationshaus" des Jesuitenordens (aufgehoben 1772) hervorgegangen. Möglicherweise rührt daher oder von der Nennung einer „Paulaner-Wiese" die frühere Bezeichnung *„Pfaffenhäuser"* auf alten Landkarten.

Landwirtschaftliche Betriebe waren zu Beginn des 19. Jahrhunderts das Gut Birkenleiten und der Gebhard-Hof (heute Gelände der ehem. Großdruckerei Thiemig) an der Pilgersheimer-/Kühbachstraße. Der Inhaber von Gut Birkenleiten, Wolfgang von Windsberger, und der Ökonom Gebhard verkauften im Hinblick auf die in den 20er- und 30er-Jahren des 19. Jahrhunderts schon diskutierte Eingemeindung nach München und die in Angriff genommene Isarregulierung Grundstücke in ihren schon mit Dämmen abgeschotteten Feuchtwiesen. Diese entwässerte damals noch der Kühbach (welcher der heutigen Straße ihren Naman gab), an welchem einige Badehäusln standen, und das „Freibadbächl" zur Isar hin auch in großen stehenden Gewässern („Lacken").

Die Anfänge der Siedlung Birkenau gehen auf die Jahre zwischen 1830 und 1840 zurück. Sie hatte eine strikte Bauordnung von einstöckigen (ebenerdigen), zur Straße traufständigen Doppelhäusern mit je drei Fenstern pro Haus, Einfahrt, kleinem Hof, Pumpbrunnen, Nebengebäuden und Garten im hinteren Grundstücksteil („hint'naus"). Zwischen den Doppelhäusern musste ein Abstand von 30 Fuß eingehalten werden. Um die Baulast für die Straßen und die Trottoire („Bürgersteige" in einem abgelegenen Vorstadtquartier!) gab es bald zwischen dem Grundstückverkäufer und den Bauwerbern Streit. Die Siedlung bestand aus den engen Straßenzügen der Inneren und Äußeren Birkenau, der Oberen und Unteren Weidenstraße und einer Häuserzeile an der Freibadstraße und umfasste nach alten Plänen zur Jahrhundertmitte ca. 50 Kleinanwesen. Die Weidenstraßen sind nach dem Lauf der Isar, die Birkenauen nach der Lage zum Dorf Obergiesing unterschieden. Die Äußere Birkenau grenzte im Westen noch an die Isarauen und Altwässer. Nach der Eingemeindung und späteren Umbenennung der „Äußeren Birkenau" in „Sommerstraße" (1900) fiel bei der Parallelstraße der Zusatz „Innere", d. h. dem Bauerndorf Obergiesing zugewandte Straße, weg.

Die beschwerlichen Lebensverhältnisse in der „Birkenau" – Isarregulierung und Eingemeindung nach München verzögerten sich – zeigt eine Eingabe an die zuständige Gemeindeverwaltung von Obergiesing aus dem Jahr 1842:

„Wir ergebenst Unterzeichnete Gemeindemitglieder der Kolonie Birkenau sehen uns nothgedrungen, dringends um Herstellung des ehemaligen Geh- und Fahrweges von Birkenau bis zur Loh zu bitten. Dieser sogenannte Weg liegt schon seit 1 ½ Jahren verwahrlost und so tief gegen die anstoßend höher liegenden Wiesen, daß er bei Regen und Schnee nur einem Wassergraben gleicht, der Tags nur mit Vorsicht, des Nachts aber gar nicht zu passiren ist.

Der Schmutz ist bey dermalien Wetter über Schuh tief, und wir bitten daher, uns nicht ganz und gar versinken zu lassen, zumal auch kleine Kinder bis zur Schule nach Giesing durch diesen Weg watten müssen.

Wenn wir gleich meistens arme Taglöhner sind, so wird man uns doch neben der harten Arbeit einen Weg zukomen lassen, daß wir unsere Kreutzer dem Wirth, Bäcker, Metzger etc. in Giesing zu lösen geben können.

Einer hohen Gemeindverwaltung ergebenst:
Birkenau, den 25. Oktober 1842."

Das eingeschaltete Landgericht Au beschied die Birkenauer am 14. März 1843, dass sie selbst für einen benutzbaren Zustand der Straße zu sorgen hätten.

Nach der Eingemeindung Giesings nach München (1854) wurde das Straßensystem neu geordnet, die Häuser nummeriert. Das weitere Wachstum des unteren Giesing schildert die Bestandsaufnahme des ersten Bezirksinspektors Anton Gaiser von 1883.

Im Stadtadressbuch von 1905 ist die „Birkenau, innere" als „künftig Birkenau (projekt.)" aufgeführt, da durch die Umbenennung der „Äußeren Birkenau" in „Sommerstraße" und durch die Eingemeindung die Bezeichnung „innere", d. h. vom Altdorf Giesing her gesehene Bezeichnung, nicht mehr schlüssig war.

Im selben Jahr finden sich bei den Inhabern bzw. Bewohnern der 26 Kleinhäuser – nur das „Gasthaus zur Braunauer Bahn" im Besitz der Königlichen Bahnverwaltung war mehrstöckig und hatte eine geteilte Hausnummer – vierzehnmal die Berufsbezeichnung „Fiakerei/Fuhrwerksbesitzer/Kutscher".

An zweiter Stelle folgen Berufe, die mit Gartenbau und Geflügelzucht zu tun haben, an dritter (bau-)handwerkliche Berufe und Tagelöhner. Diese Sozialstruktur des Kerns der Siedlung weist sie als unter- bzw. kleinbürgerliches Viertel fast ohne Beamte und Akademiker auf.

„Fiakerheim" etc. – Wirtschaften in der Birkenau

Auch heute noch gibt es zahlreiche Eckwirtschaften und kleine Kneipen rund um die Birkenau. Nach der Jahrtausendwende war im Hinterhof der Birkenau Nr. 5, einer ehemaligen Geflügelmästerei, der „Giesinger Bräu" mit seiner Sudstätte untergekommen. Sein erster Sud trug den humorigen Titel „Untergiesinger Erhellung". Der Erfolg ließ nicht lange auf sich warten und machte im Jahr 2014 eine Vergrößerung der Sudstätte und ihre Verlegung auf den Giesinger Berg, in das ehemalige Umspannwerk neben der evangelischen Lutherkirche, nötig. Durch geschicktes „Fundraising" steht der „Giesinger Bräu" unter Leitung von Steffen Marx mit einer neuen Befüllungsanlage im Münchner Norden vor einer weiteren Expansion.

Die ausgeprägte „Gaststätten-Landschaft" in der Birkenau war auch kein Wunder, veranlasste doch die Enge der kleinen Häuschen und Wohnungen namentlich die „Mannsbilder" zur häufigen „Flucht" in ihre Stammwirtschaft.

Im engeren Umgriff sind es nicht mehr so viele Wirtschaften wie vor über 100 Jahren. Im Jahr 1883 zählte der Bezirksinspektor Anton Gaiser in der Inneren Birkenau zwar nur zwei bis drei, aber in der Äußeren Birkenau (jetzt Sommerstraße) ganze neun (!), mit dem Bemerken: *„In dieser Straße wurde ferners im Anwesen No. 41 im Jahre 1879 eine Wirthschaft betrieben."* In der Nachbarschaft gab es noch weitere zehn Gaststätten, davon eine in der Unteren Weidenstraße, je zwei in der Freibad- und Frühlingsstraße und drei in der Kühbachstraße. Zusammen mit den zehn Wirtschaften in der Lohe und der Pilgersheimer Straße waren es im damaligen unteren Giesing 31, im gesamten Gemeindebezirk – also einschließlich des Bauerndorfs im oberen

Giesing – aber 66 Wirtshäuser, nicht gerechnet die „Winkelwirte", die ihren Ausschank ohne Lizenz betreiben.

Die hohe Zahl der Schanklizenzen in den 70er-Jahren war eine Folge der neuen Gewerbefreiheit und des „Wirtschaftswunders" der „Gründerjahre" nach der Reichsgründung.

Birkenauer Wirtschaften – nicht von allen ist ein Name überliefert, die Jahreszahl bezeichnet wohl die Erteilung der Schanklizenz – nennt Gaiser im Einzelnen:

Innere Birkenau:
- *Haus No. 12 ⅓ „Zur Braunauer-Lohe" Eigenthümer und Wirthschaftsführer: Georg Rappel, 1866*
  Jetzt: Griechisches Gasthaus „Lukullus"
- *Haus No. 22 „Eigenthümer und zugleich Wirthschaftsführer: Johann Bock, 1875 – bis zum Zweiten Weltkrieg: Löwenbräu „Fiakerheim"; teilkriegszerstört;*
- dann Autoschlosserei mit Garagenanbau; abgetragen zusammen mit Birkenau Nr. 20 nach kultueller Zwischennutzung im Jahr 2012; Neubau
- *(in der gleichen Straße wurde im Anwesen No. 25 ebenfalls eine Wirthschaft im Jahre 1877 und 1878 ausgeübt)*

Äußere Birkenau *(jetzt Sommerstraße):*
- *Haus No. 1 ¼ „Zu den drei Fasanen" – Eigenthümer: Die Schweyer'schen Erben. Wirthschaftsführer: Eberhard Lämmermann, 1867*
- *Haus No. 9 „Zur Krone"- Eigenthümer und zugleich Wirthschaftsführer: Johann Hauser, 1863 od. 1864*
- *Haus No. 14 – Eigenthümer und zugleich Wirthschaftsführer: Matthias Jägerhuber, 1873.*
- *Haus No. 17A „Zum Freibadgarten" – Eigenthümer und zugleich Wirthschaftsführer: Georg Fischer, 1873.*
- *Haus No. 23 „Zur Dachauer Bierhalle" – Eigenthümerin: Maria Graf; Wirthschaftsführer: Johann Hillmayer, 1879. In diesem Jahr ist das alte Gebäude, in welchem bereits seit 1875 eine Wirthschaft betrieben wurde, umgebaut worden.*
- *Haus No. 24 ⅓ „Zur Lacke" – Eigenthümerin und zugleich Wirthschaftsführerin: Crescenz Mänkl, 1864.*
- *Haus No. 25 – Eigenthümer und zugleich Wirthschaftsführer: Michael Schmid, 1874.*
- *Haus No. 37 – Eigenthümer: Cyprian Kratz; Wirthschaftsführer: Anton Kratz, Sohn des Eigenthümers, 1875.*
- *Haus No. 40 „Zur Birkenau" – Eigenthümer und zugleich Wirthschaftsführer: Bernhard Mittler, 1878*

Untere Weidenstraße:
- *Haus No. 1 – Eigenthümerin: Elise Flegl; Wirthschaftsführer: Leopold Ambros, 1873*

Birkenau Haus-Nr. 12 (vormals 21) Pockmair, Fiaker und Taxler

Die Pockmairs stammen aus Perlach und prägten als Fuhrunternehmer – Fiaker und „Taxler" – über drei Generationen das Leben in der Inneren Birkenau mit. Vom Anwesen Nr. 11 aus der Nachbarschaft hatte „man" in die seit 1888 bestehende ehemalige Friesenegger- und Schöpf-Fiakerei eingeheiratet. Standen zunächst 4 bis 6 Pferde im Stall und wurden Kunden mit Kutschen, „Schäs'n" sowie – im Winter – mit „Parade-Schlitten" in der Stadt „kutschiert" und Transporte erledigt, wechselte man in den 20er- und 30er-Jahren des 20. Jahrhunderts wie allerorts auf das Automobil. Aus Stallungen, Remisen und Heuschober wurde ab 1936 ein Taxi-Betrieb mit zwei Taxi-Lizenzen, mit Garagen und einer Kfz-Werkstatt, einer zusätzlichen Wohnung und später einer „Familienstube". Dort hatten Familien-Erinnerungsstücke an die „gute alte Zeit" und eine Hochterrasse als Altersruhesitz ihren Platz.

Die zwischenzeitliche Kfz-Werkstatt wurde zur Karussell-Modellbau-Werkstatt und zum „Standplatz" der „Mini-Wiesn", dem Altershobby des Pockmair-Max.

Nach dem Tod der Mutter – und zur Pflege des (Schwieger-)Vaters – waren Max und Maria Pockmair im Jahr 1972 zurückübersiedelt in die Birkenau 12.

Neben der Modellbauerei an der „Mini-Wiesn" – bis auf zwei Karusselle vermachte Pockmair das „Ensemble" dem Münchner Stadtmuseum, wo es im Magazin verstaubt – pflegte er die Erinnerung an die Fiakerei und an die einst geliebten Pferde mit Besuchen der Trabrenn- und Galopperbahn und einschlägiger Veranstaltungen wie Pferdemärkten und Prämierungen. Seine Frau wurde von der Stadt München ebenfalls prämiert: für den üppigen Blumenschmuck an Fenstern und Terrasse des Hauses in der Birkenau 12.

Aus gesundheitlichen Gründen wechselten sie im Jahr 2005 in ein Pflegeheim am Starnberger See, wo sie verstarben.

Die ehemalige Fiakerei und das benachbarte Gasthaus „Zum Fiakerheim", zuletzt eine Auto-Reparaturwerkstätte, überlebten den Wegzug nur um ein paar Jahre. Der aufkaufende Architekt Uwe Binnberg und das Münchner Kulturreferat gaben dem Ensemble 2011 ein paar Monate Karenzzeit zur Zwischennutzung als „Kunstherberge" mit Ausstellungen und Events. Die untere Denkmalschutzbehörde hatte es dem Abriss und der Neubebauung preisgegeben.

links: Geschäftspapier der Fiakerei Pockmair.

DIE BIRKENAU: TAGLÖHNER, GÄNSEMÄSTER UND FIAKER

Die Frieseneggers vor der Stallung ihrer Fiakerei auf dem Hof Birkenau 12.

Von den Pockmairs seien folgende Daten zusammengestellt: Seit 27. Sept. 1888 steht Josef Friesenegger, Fiakerei in der Inneren Birkenau 21 (heute Birkenau 12) im Münchner Stadtadressbuch. Der Name Name der Ehefrau ist unbekannt. Sie hatten drei Töchter:
- Sophie ∞ Josef Krottenhauser (*1871, †1946), verheiratet nach Rosenheim (Sophie war Haupterbin)
- Walburga, Nonne im Angerkloster („Arme Schulschwestern") – Ordensname Sr. Lukretia Lauter
- Anna-Maria, heiratete 1898 Georg Schöpf aus der Landsberger Straße (Höhe Donnersberger Straße) und führte mit ihm die elterliche Fiakerei fort. Die Modernisierungen (Ausbau der Wasserversorgung und Kanalisation) erfolgten im Jahr 1910.

Schöpf wurde bei einem Streit mit betrunkenen Soldaten 1925 erstochen.

Seine Witwe Anna Maria nahm ihren Mädchennamen Friesenegger wieder an.

Ihre vorehelich geborene Tochter Walburga Friesenegger (*1896, †1967) heiratete 1926 den aus Perlach stammenden Kutscher Maximilian Pockmair sen. (*1895, †1976) aus der Birkenau 5 (jetzt 11).

Sie hatten zwei Söhne:
- Maximilian (jun., *1926, †2008) ∞ Maria geb. ?? (*?, †2009); Wegzug in ein Pflegeheim am Starnberger See 2005. Sie hatten eine Tochter; Maria Reith, die nach dem Wegzug Ihrer Eltern das Anwesen, die ehemalige Fiakerei Birkenau 12 (ehem. 21) verkaufte. Für deren Tochter, seine Enkelin, hatte Max Pockmair das erste Karussell seiner Sammlung „Mini-Wiesn" (heute im Magazin des Münchner Stadtmuseums) als Modell nachgebaut.
- Willi (*1928, †?), ledig – „Weltenbummler", lebte im Sommer in Spanien; nach einem Unfall bis zu seinem Tod zurückgezogen in der Birkenau 12, im Vorderhaus. Er blieb kinderlos.

DIE BIRKENAU: TAGLÖHNER, GÄNSEMÄSTER UND FIAKER

Das Kleinhaus Birkenau 12 nach Umbau der Fiakerei zu einem Taxi-Unternehmen (1990er Jahre).

DIE BIRKENAU: TAGLÖHNER, GÄNSEMÄSTER UND FIAKER

Maria Pockmair (sen.) vor dem Kleinhaus Birkenau 12 mit erstgeborenem Sohn Max (um 1927).

DIE BIRKENAU: TAGLÖHNER, GÄNSEMÄSTER UND FIAKER

Beispielhaft:
Birkenau 25 (vormals 10)
„Marmor-Schiffmann"

Karl Schiffmann (1862 – 1938) stammte aus der Nähe von Schärding am Inn (Innviertel/Oberösterreich) und gelangte nach langer Wanderschaft auch mit Flussschiffen, woher mutmaßlich auch der Familienname stammt – und in Steinmetzbetrieben nach München, wo er 1899 in der Untergiesinger Winterstraße 4 eine Marmorwerkstatt gründete. In München lernte er Katharina Felber (1868 – 1944) aus der Holledau kennen, die nach Jahren als Dienstmagd bei Bauern und Geistlichen in ihrer näheren Heimat jetzt dort in Dienst war. Im Jahr 1903 bekamen sie den Sohn Karl und blieben zusammen. 1919 kaufte Schiffmann das ehemalige Willibald-Böckler-, dann Klement-Hölzl-Lohnkutscher-Anwesen Birkenau 10 und verlegte die Marmorwerkstatt dorthin. Dann wurde geheiratet.

In der zweiten Generation heiratete Karl Schiffmann jun. (1903 – 1972) die Untergiesinger Bauern- und Gärtnerstochter Elisabeth Gebhardt (1910 – 1996), deren elterliches

Porträt Karl Schiffmann (jun.) und bei der Arbeit in der Werkstatt.

DIE BIRKENAU: TAGLÖHNER, GÄNSEMÄSTER UND FIAKER

Der Marmorschleifer Karl Schiffmann mit Gattin Katharina und Sohn Karl (rechts) und Mitarbeitern in der Werkstatt Birkenau 25 (um 1920).

Anwesen ehemals an der Ecke Pilgersheimer-/Kühbachstraße (später Standort der Thiemig-Großdruckerei) stand. Dazu kam später die Gärtnerei an der Schönstraße. Ihr Gatte übernahm die väterliche Werkstatt und hatte die schweren Kriegszeiten sowie die arbeits-, aber wirtschaftlich erfolgreichen Nachkriegsjahre zu überstehen. Damals machte schon die dritte Generation – die drei Schiffmann-Buben Karl (1931–1989), Alfred (*1936) und Siegfried (1944) – die Birkenau und Untergiesing „unsicher". Sie stiegen alle beruflich in den elterlichen Betrieb ein und setzten die Familientradition bis ins 21. Jahrhundert fort.

In diesen Jahren konnte das benachbarte Anwesen Birkenau Nr. 27 dazu erworben werden, das dem Zimmererpalier Valentin Striegel, dann seiner Witwe, der Damenschneiderin Anna Striegel, gehört hatte. Auch die drei Striegel-Töchter waren dort, fast altersgleich, mit den benachbarten Schiffmann-Söhnen aufgewachsen. Siegi Schiffmann gestaltete daraus ein bemerkenswertes denkmalgeschütztes Ensemble, pflanzte einen Maibaum in die Hofmitte und stand ihm als selbsternannter „Bürgermeister Bröselmeier von der Birkenau" vor. Es verkörpert heute wie kaum ein anderes den ehemaligen Charakter der historischen „Kleinhaussiedlung Birkenau".

Birkenau II – eine Vorstadt-Idylle und ihr Ende

Zum Jahreswechsel 1952/53 erschien im Münchner Merkur (3./4. Januar 1953 Nr. 3, Seite 5) folgender Artikel des Münchner Kulturhistorikers Karl Spengler:

Mastgänse, schwarze Kanari, Fiaker, „Schwoafaufdraller"

Alt-Münchner Gaßl (V) – Spezialisten und Spezialitäten aus der Birkenau – Am Stammtisch beim Rapplwirt

Wir sind nicht eigentlich in die Birkenau hinausgewandert, um das alte Auftrittsgsangl des Münchner Kasperls „In der Birkenau, da ist der Himmel blau…" auf seinen Wahrheitsgehalt zu überprüfen. Die Zeit, die solche Reime trällerte, ist ja doch endgültig dahin, auch in der Birkenau, dem Gäßchen mit den ebenerdigen Reihenhäuschen, wie in der Oberen und Unteren Weidenstraße, der Freibadstraße, die alle zur Birkenau gehören nach dem Sinn der Eingesessenen. Die ganze Gegend und die Nachbarschaft ist ein Dörfl für sich, das einst, durch die Isar und Wiesengründe von der Stadt getrennt, weit außerhalb des Sendlinger Tores lag. Von der damaligen beruflichen Geschlossenheit seiner Bewohner, fast ausschließlich Gänsemäster, Geflügelhändler und Fiaker aber hat sich vieles lebendig erhalten.

Der Himmel ist wirklich bemerkenswert blau in der Birkenau, selbst in diesen trübwinterlichen Tagen fällt das Licht freier in die Gasse und die vierstöckigen Häuser an ihren Enden können es nicht hemmen. Die weiten Wiesengründe der Au aber sind längst verbaut. Keine Birken schwätzen mehr in den Lüften, der Wind kämmt nicht mehr die Flechten der Weiden, die sich einst über die Altwasser der Isar neigten. Für die Scharen gackernder Hühner und flügelschlagender Gänseherden, die dieses Auendorado einst belebten, ist heute nur noch Raum in den Ställen der Geflügelhändler Luft und Burghard.

Wenn heute das Federvolk hauptsächlich aus Holland und Dänemark kommt, so zu den zeiten der damaligen Händler Hammel, der Raigs, Rampfs, Schmidbauers und wie sie sonst noch hießen, ausschließlich vom Balkan. Das waren noch die reinsten Pionierfahrten, abenteuerlich genug für einen, der mit praller Brieftasche im Rockfutter nach Ungarn fuhr oder nach Serbien, nach Bulgarien und bis an die Grenze des osmanischen Reiches. Die Gänse wurden daheim mit Mais und Gansbrot „geschoppt" und unter 300 – und so gibt er die Stück an – gab's kein richtiger Gänsemäster, wenn er am Kirchweihsamstag mit Rößl und Wagen zum Viktualienmarkt trabte, die „schwaarste um vier Mark", die den Fetthafen für den ganzen Winter füllte.

Die sechs Männer aber, die jetzt beim Rapplwirt sitzen, reden von anderem Viehzeug. Bei fünf Kanarienzuchtvereinen war ehedem der Herr Nachbar vom Nebentisch. Schwarze Kanari hat er einmal, wie es die Mode war, gezüchtet, aber es hat nicht recht eingeschlagen und so gibt er die Erinnerungen seines Züchterlebens preis und erzählt von dem Maßl, deas er einmal gehabt hat im selbigen Jahr, das im unter 124 Jungen 65 Hahnen brachte, Kanarienhähnchen natürlich, und wie es darauf ankommt, die Vögel „in Gesang" zu halten. Da halten auch die anderen nicht hinterm Busch. Ihr Spezialgebiet aber sind die Hasen, die Tauben und die Hunde. „Solche Hund' wie die Erdinger gibt's heutigentags gar nimmer", meint einer und warum? „Weil's lauter überzüchtete Teifin san!" Wogegen die besagte Erdinger, eine Kreuzung von Dogge und Schäfer-

DIE BIRKENAU: TAGLÖHNER, GÄNSEMÄSTER UND FIAKER

Kleinhäuser in der Unteren Weidenstraße. Holzschnitt von Willi Döhler (um 1950).

hund die richtigen „Höllteifin" gewesen seien, was schon aus der Bezeichnung „Schwoafaufdraller", unter der sie bekannt waren, genugsam hervorgehe.

Dabei sitzt ein Züchter erster Klasse, der hier ein Wörtl mitzureden hätte, noch nicht einmal am Tisch: der Anton Fritz, der in seinem Erdgeschoßstüberl auf Nummer 17 grad einen Buchenprügel ins Ofenloch schiebt. Seit 30 Jahren züchtet er Brieftauben, auf viele Konkurrenzen hat er sie geschickt, nach Holland, England, nach Flensburg und Emden, 15 erste Preise haben sie ihm eingebracht. Und soweit sie flogen, ihr kleines Herz leitete sie unfehlbar in die winzige Birkenau zu ihrem Pflegevater zurück.

Und noch ein anderes Element fehlt in dieser Nachmittagsstunde beim Rapplwirt, das wichtigste der Birkenau, die

Fiaker. Solche Feste und einen solchen Fasching hat es in der ganzen Welt nicht mehr gegeben, wie sie die Kutscher in ihrem „Fiakerheim" gefeiert haben, der Wirtschaft, die seit dem Krieg zur Schlosserwerkstadt geworden ist. Und lustig ist's jeden Montagabend hergegangen, wenn sie in der „Holzleg" zusammengekommen sind, wie sie ihre Stammburg hießen. Alle Vergnüglichkeit wuchs auf eigenem Kompost. Es war ein Wurzgartl mit Moritaten und Gstanzln, die das „Birkenauer Lercherl", der Gänsemäster Scheidmaier trillerte und mit ihm der alte Schmied Bertl.

So war es von den 90er Jahren bis in die ersten Kriegsjahre hinein, die ganze Zeitspanne, die einer der ihren, der 75jährige Kraftdroschkenbesitzer Joseph Wagner überschauen kann. Ein Mann von Altersheiterkeit, dem die Jahre ein hübsches Sümmchen an Lebensweisheit aufaddiert haben. Ob Fiaker oder Chauffeur, meint er, der modernste Wagen nutzt nichts, wenn der Fahrer kein richtiger Mensch ist. Ein Gaßl der Frühaufsteher war die Birkenau, erzählt er. Schon um zwei Uhr früh rumorten die Geflügelhändler, zwei Stunden später sprangen die Fiaker aus den Federn, die harben Rappen machten viel Arbeit. Nach einem Stamperl Schnaps bei einem der beiden Kramer, die nach alter Sitte auch Hausbrot buken von sagenhaftem Wohlgeschmack, ging's zeitig auf die Standplätze. Am Sendliger-Tor-Platz war der nächstgelegene und die „Entdeckung der Münchner Landschaft" war noch in vollem Gange mit Ausflugsfahrten zum Aumeister, nach den Forsthäusern Kasten, Wörnbrunn, Hartmannshofen oder nach Grünwald. Hart ist ihnen allen die Trennung von den Rössern gefallen. Anno 1907/08.

Noch immer sitzen die Männer beim Wirt. Der Herr Nachbar leert das letzte Neigerl. Er hat einen weiten Weg vor sich in die Hirschgarteneinkehr von Nymphenburg, wo er als Preisrichter des Vereins „Edelblut" an der Prämierung der gelben Sänger um fünf Uhr nicht fehlen darf. Der Hundefreund mit den „Schwanzaufdrallern" grübelt mit seinem Gegenüber an einem Totozettel herum. Zwei junge Burschen treten ein. Kegeln? Nein, heute wollen sie nicht auf die Stoßkegelbahn, sie möchten Tischtennis spielen. Der Wirt kramt zwei Schläger aus dem Büfettfach und bald hört man aus dem Nebenzimmer das Springen des Bällchens auf dem Spielbrett. Ping-Pong … Hinüber, herüber. Es klingt wie das Ticken einer Pendüle auf kirschbaumerner Kommode. Ping-Pong … Tick-Tack … einst-jetzt …

Krise und Ende der Kleinhaussiedlung Birkenau

Schon in den ersten Jahrzehnten ihres Bestehens waren die ebenerdigen Häuser der Siedlung, die ja ursprünglich ‚genormt' waren, manchem Wandel unterworfen. Das lag einmal am Berufsstand zahlreicher Eigentümer, die zu einem Großteil selbst aus dem Bauhandwerk stammten: Da lag Um- oder Ausbau nahe. Zum anderen lag es am Besitzwechsel durch Erbfall oder Heirat, Kauf und Verkauf, wobei fast regelmäßig ein Wandel des Bedarfs, sei es für Wohnzwecke aus familiären Gründen oder für eine Veränderung der Berufsausübung zum Tragen kam. Wohl spielte auch der Bildungsstand der Eigentümer bei diesen Veränderungen eine gewisse Rolle, denn Quellenbelege zeigen, dass ein Teil der Eigentümer des Schreibens (und Lesens?) unkundig war und nur mit Handzeichen (+) signierte. Dies hatte wohl zur Folge, dass bürokratische Vorgänge wie Baugenehmigungen, Ablehnungen, behördliche Vorgaben etc. nicht, verzögert oder ungenau wahrgenommen wurden oder werden wollten. In einigen Fällen kann man wohl von absichtlichen „Schwarzbauten" ausgehen. Systematische Veränderungen sind nach der Jahrhundertwende zu verzeichnen, als die Birkenau um das Jahr 1909 an das städ-

DIE BIRKENAU: TAGLÖHNER, GÄNSEMÄSTER UND FIAKER

Abbruchszenen des Kleinhauses Birkenau 16 samt Rückgebäude (um 1995).

tische Versorgungssystem (Wasserversorgung, Abwasserentsorgung) angeschlossen wurde, wodurch die ursprünglich in den Hofräumen platzierten Pumpbrunnen und Versitzgruben verzichtbar oder aufgelöst wurden. Weitere Veränderungen für den gesamten Straßenraum ergaben sich nach Beseitigung von Kriegszerstörungen bei fälligen Neubauten durch eine Anhebung der Bauhöhe auf drei bis vier Stockwerke, was eine Rücknahme der straßenseitigen Baufront für den Neubau um ein bis eineinhalb Meter zur Bedingung hatte, um den Straßenraum für Verkehrsbedarfe, etwa Parkraum, zu erweitern. Diese uneinheitliche Straßenfront ist bis heute geblieben, auch dort, wo aufgrund von Präzedenzfallregelungen in der Folgezeit die ursprünglich ebenerdigen oder nur aufgestockten Kleinhäuser und ihre Nebengebäude im Hofrückraum abgerissen wurden, um rentableren mehrstöckigen Neubauten Platz zu machen.

Die Gesamtheit der uneinheitlichen Bauentwicklung der Birkenau und ihrer Nebenstraßen ist der Baudokumentation Nr. 6 des Fachbereichs Architektur der Fachhochschule München zu entnehmen, die als Aufgabe des Lehrgebietes Denkmalpflege im Wintersemester 1978/79 entstanden ist. Die Leitung lag bei Prof. Dr. Enno Burmeister, dem späteren Bezirksheimatpfleger von München, unter Mitwirkung von Prof. Dipl.-Ing. W. Strunz. Für die

Dokumentation mit dem beträchtlichen Umfang von 271 Seiten führten 31 Studierende Interviews mit Hausbesitzern wie Mietern und bezogen Unterlagen städtischer Dienststellen (Lokalbaukommission, Stadtarchiv, Monacensia-Abteilung der Stadtbibliothek) mit ein. In der redaktionellen Bearbeitung von Eva Ilsanker und Luise Demharter wurde sie schließlich durch die FHS München herausgegeben.

Insgesamt wurden jeweils mit einem formalisierten Gebäudeerhebungsbogen 20 Gebäude, davon 13 in der Birkenau, fünf in der Oberen Weidenstraße und zwei in der Sommerstraße bearbeitet. Erhoben wurde die Straßenbezeichnung und Hausnummer, sowie – nicht durchgehend – die Nummer des Flurstücks in der Gemeinde Giesing, ferner Name (und Beruf) des Eigentümers zur Zeit der Erhebung und gelegentlich Namen des Bauherrn, Baumeisters oder Architekten und das ursprüngliche Baujahr. Des Weiteren enthält die Gebäudeerhebung zahlreiche Daten zum Baukörper und seiner Bauweise, angefangen bei der Grundstücksgröße, die nur zwischen 150 und 250 qm betrug, bei einem umbauten Raumvolumen zwischen 500 und 800 Kubikmetern, wobei Wohnnutz- und Gewerbeflächen gesondert ausgewiesen sowie Nutzung, bauliche Ausführung und Zustand meistens sehr detailliert erfasst wurden. Ergänzt werden die Erhebungen durch Pläne, Zeichnungen – immer wieder auch von Details – und Fotos aus der Erhebungszeit. Breiten Raum nimmt bei den jeweiligen Objekten die Bau- und Besitzgeschichte ein, aus der bei Eigentumsübergang häufig auch der Wert der Immobilie genannt wird. Dieser betrug in der zweiten Hälfte des 19. Jahrhunderts in der Regel ein paar Tausend Gulden, nach Umstellung auf die Reichsmark (1876) zwischen 10.000 und 20.000 Goldmark. In der Zeit nach dem Zweiten Weltkrieg hat sich durch zahlreiche Neubauten der Immobilienwert auch der Altbauten stark verändert und hat vermehrt Anreiz für Bauspekulationen geboten.

Ziel der gesamten Dokumentation war es offenbar, neben der Einschätzung des Zustandswertes der einzelnen Immobilie, die notgedrungen oft sehr unterschiedlich ausfallen musste, auch den Funktionswert derselben im Hinblick auf das Ensemble „Kleinhaussiedlung" in Anschlag zu bringen. Dabei zeigt sich, dass die Einschätzung der „Denkmalschutzwürdigkeit" stark variierte. Vereinfacht ausgedrückt lässt sich konstatieren, dass einige an der Studie Teilnehmende offenbar sehr positiv zu ihren Objekten standen und deren Erhaltung präferierten, während andere diesem Ziel (sehr) reserviert gegenüberstanden, insbesondere wenn sie aktuelle Veränderungsabsichten der Eigentümer negativ bewerteten. Dies hatte aber letztlich kaum einen Einfluss auf die Haltung der einzelnen Eigentümer zur Denkmalschutzfrage. Der Mangel an Einhelligkeit und Kooperationsbereitschaft führte im Fall der Birkenau dazu, dass – anders als bei der Feldmüller-Siedlung in Obergiesing vor der Jahrtausendwende – keine Ensemblesanierung zustande kam und die Reste zunehmend der weiteren Ausbeutung durch Abriss und Spekulation noch in den letzten Jahren anheimfielen. Dass jedoch auch in Obergiesing der Denkmalschutz trotz Ensemblesanierung nicht durchgehalten werden konnte, zeigt dort der brutale Abriss des „Uhrmacherhäusls" (Obere Grasstraße 1) außerhalb jeglicher Legalität im September 2017.

Erziehungsanstalten und Schulen

Erziehungsanstalten und Schulen

Kinder-, Jugend- und Sozialbetreuung – das „Marianum"

Schon frühzeitig machte die Berufstätigkeit von Frauen in den Vorstädten auch in Giesing die Unterbringung und Betreuung von Kindern außerhalb der Familie notwendig. Eine erste Einrichtung in Obergiesing entstand schon am 1.10.1845 mit der Ansiedlung der Armen Schulschwestern in der Kistlerstraße, wo mit der Hausnummer 15 ab 1871/72 deren Kloster und in der Folgezeit der Giesinger Knabenhort entstand. In der Mondstraße 32 errichtete der „Krippenverein für die Vorstädte Münchens rechts der Isar" 1875 eine Kinderbewahranstalt, deren Erweiterungsbau im Jahr 1932 bei Abbruch der alten Anstalt entstand.

In diese Zeit datiert auch das „Alte Marianum", geplant als Wohnheim und Arbeitshaus für alleinstehende junge Frauen. Ursprünglich geht es auf den Mädchenunterricht der Armen Schulschwestern an der Giesinger Volksschule zurück, erfasste aber im Sinn der späteren Sonntagsschule, dann Gewerbe- oder Berufsschule vor allem Jahrgänge, die dem Schulalter bereits entwachsen waren, also junge unverheiratete Frauen, die in Handarbeit und Hauswirtschaft zu einer Erwerbsarbeit (z. B. Weißnäherei, Stickerei, Köchin usw.) aus- und weitergebildet werden sollten. Da deren Betreuung im schulischen und klösterlichen Umfeld vom Umfang her nicht mehr gewährleistet werden konnte – es waren wohl auch junge Frauen mit einem „Handicap" darunter –, wurde im Jahr 1879 das ehemalige „Eichthal-Schlössl" an der „oberen" Pilgersheimer Straße 1 für das „Marianum" angemietet und 1882 bezogen. Aus der Privatgründung von Prälat Jakob Rathmayer, Kaplan in Heilig Kreuz (1868 – 70) und Stadtpfarrer von St. Ludwig (1882 – 1901), dem es gelang, die „Stern-Schwestern", Franziskanerinnen aus Augsburg, für die Betreibung der Anstalt zu gewinnen, wurde im Jahr 1882 ein beim Amtsgericht München eingetragener Verein mit Satzung und Erwerb der Gemeinnützigkeit. Aufgrund von Rathmayers persönlichen Kontakten zum Königshaus, insbesondere zur Familie von Prinz Ludwig und Prinzessin Theresia, zählten bald an die 500 Prominente und teilweise sehr vermögende Mitglieder zu den Protektoren des Vereins. Darunter befanden sich neben der in der Pfarrei ansässigen Familie des Prinzen Leopold, seiner Gattin Gisela, die eine Tochter des österreichischen Kaiserpaars Sisi und Franz-Joseph war, und deren Kindern bzw. Enkeln auch zahlreiche Frauen und Witwen.

Die Vermittlung in Giesing lag in den Händen des nunmehrigen Direktors der Lederfabrik, Ludwig Kester, der nach deren Umwandlung in eine „Actiengesellschaft für Lederfabrication" 1871 (nach dem Tod Julius von Eichthals) und dem Tod seines Vaters Franz Kester 1872 auch Anteilseigner und verfügungsberechtigt über das „Eichthal-Schlössl" (Pilgersheimer Straße 1) geworden war. Zugleich bekleidete er für die „Vorstadt Giesing" zahlreiche Ehrenämter und konnte auch seine Gattin Julia (†1931), Tochter des Eisenbahnpioniers Georg Jon Ashton (*1816 in Leeds, England) und der Münchner Kistlerstochter Juliane Hissmannseder (*1825) dafür gewinnen. Sie hatten am 7.9.1866 geheiratet und standen mit ein paar Müllern, Wirten und Bauern, dem Manhard-Schmied Adolph Fischer und dem „Volksdichter" Hermann von Schmid gesellschaftlich in der ersten Reihe der „Giesinger Vorstadt-Aristokratie".

Da das Mietverhältnis am Eichthal-Schlössl zeitlich begrenzt war, musste bald ein Neubau ins Auge gefasst werden, wofür der Förderverein gegründet worden war, dessen Kassenwart Ludwig Kester die finanziellen Belange voranbrachte, während seine Frau Julia im Kuratorium die gesellschaftliche Seite des „Fundraising" repräsentierte. Zu Spendenaktionen und Wohltätigkeitslotterien konnten über die Vereinsmitglieder weite Kreise der Öffentlichkeit gewonnen werden. Nach mehreren Jahren war für das Bauprojekt die erkleckliche Summe von über 100.000 Goldmark beisammen, ein Bauplatz an der Wittelsbacher Brücke (Humboldtstraße 2) wurde von der Stadtgemeinde München zum günstigen Erwerb angeboten, und mit Karl Hocheder d. Ä. war ein namhafter Architekt gefunden, der den hohen Ansprüchen der Initiatoren genügte. Zudem war Hocheder in der Nachbarschaft mit dem Bau der Kolumbusschule und in Obergiesing am neuen Ostfriedhof mit dem Bau des St. Martinsspitals tätig geworden. So konnte im Jahr 1898 mit dem Bau durch die bekannte Baufirma Heilmann und Littmann begonnen werden, die aus Konkurrenzgründen zu entgegenkommender Preisgestaltung bereit war. Der Bau war im neubarocken Stil mit einem Portalvorbau, zwei Fassadenfiguren und einem Dachreiter geplant. Er sollte im Wohnbereich 43 jungen Frauen in einem Schlafsaal sowie einigen Mehrbettzimmern ebenso Platz bieten wie der Verwaltung und Unterbringung der sieben „Sternschwestern" (Franziskanerinnen aus dem Mutterhaus in Ausgburg). Langjährige Oberin war Sr. Hortulana. An Arbeitsräumen waren ein großer Nähsaal – auch mit Maschinenbestückung –, ein Gold-, Bunt- und ein Weißsticksaal, ein Blumenbindesaal sowie weitere Räume für Zuschneiderei, Bügeln usw. vorgesehen. Damit konnten die jungen Frauen im Marianum wohl an den Handarbeitsunterricht bei den Armen Schulschwestern in Obergiesing anschließen und diesen nun auch gewerblich umsetzen.

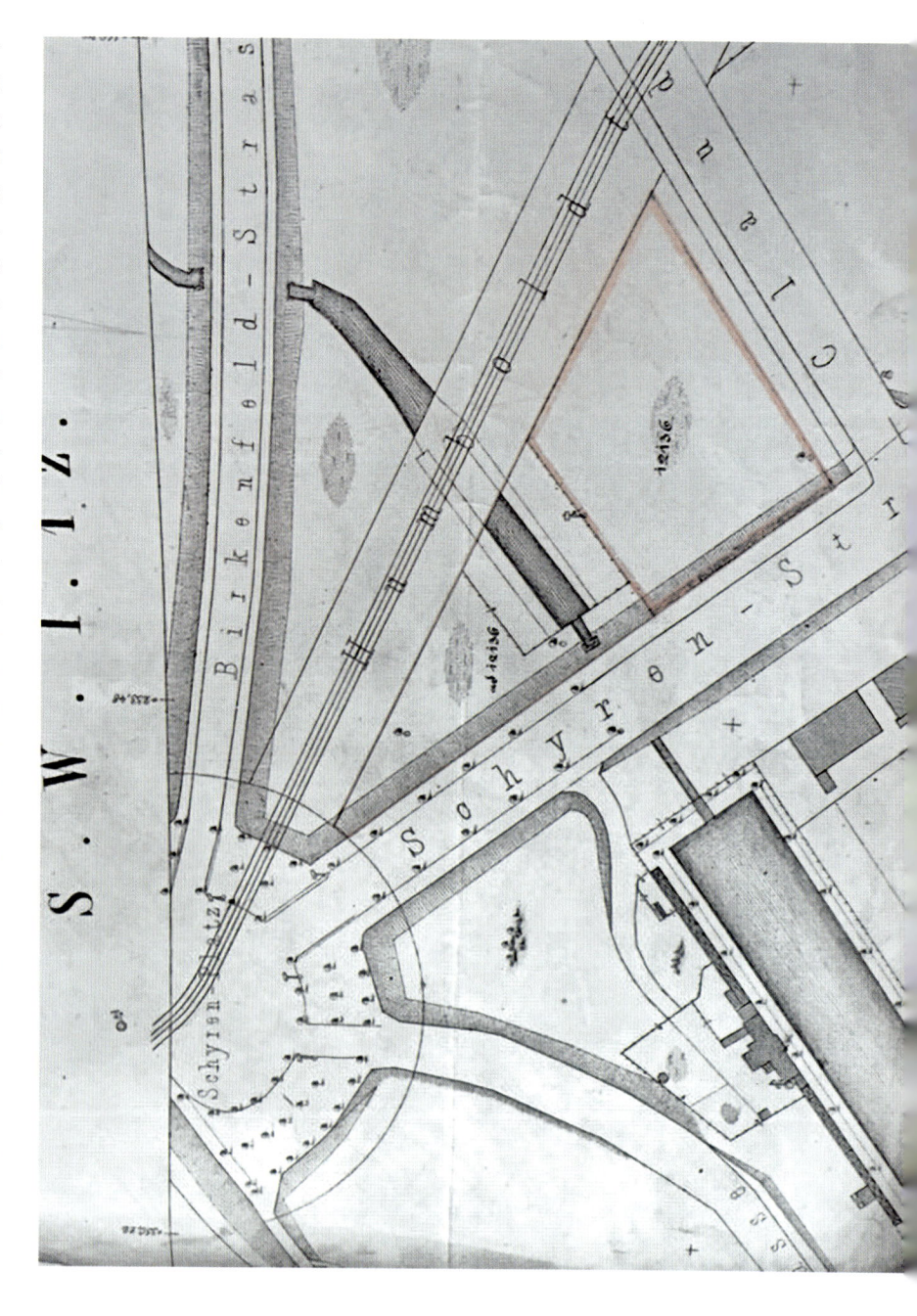

Lage und Wiederaufbau (Pläne 1952).

ERZIEHUNGSANSTALTEN UND SCHULEN

Marianum München, Humboldtstraße 2. Ruf 42009

Euer Hochwürden!

Bitte decken Sie Ihren Bedarf an Paramenten und Fahnen beim Marianum. Die Anstalt entstand 1882 durch Herrn Prälat Rathmayer. Sie unterrichtet die weibliche Arbeiterschaft im Handarbeiten und entlohnt sie, sobald ihre Arbeiten gewertet werden können. Besondere Berücksichtigung finden Kränkliche und Krüppelhafte, um deren Ausbildung und Fortkommen sich sonst niemand kümmert. — Die Leitung durch Klosterfrauen garantiert für sorgfältige Arbeit und reellste Berechnung. Die künstlerische Beratung liegt in den Händen von Frl. Buscher (siehe Ausstellung!).

Durch die große Konkurrenz sind wir gezwungen, entgegen unserem bisherigen stillen Wirken uns nun auch um Aufträge umzusehen. — Euer Hochwürden leisten durch Ihre Bestellung an uns einen sozialen und caritativen Liebesdienst, der Ihnen schon dadurch belohnt wird, daß Sie etwas Ordentliches und Geschmackvolles erhalten. Wenden Sie sich bitte an das anwesende Verkaufs-Personal.

Sachgemäße Ausführung aller Reparaturen.

Th. Stadler, 1. Vorstand und Stadtpfarrer.

Werbepostkarte für das Marianum. Es wird durch den Vorstand des Fördervereins Geistlichen als Fachbetrieb für Kirchenwäsche (Paramenten, Fahnen) angedient.

ERZIEHUNGSANSTALTEN UND SCHULEN

Neben der Ausbildung war ausdrücklich beruflicher Broterwerb für junge Frauen mit Handicap Zweck der Anstalt.

In einem Bericht zum 25-jährigen Jubiläum des „Marianum"[1] beschreibt das Vorstandsmitglied Ferdinand von Moreau die Gründungsgeschichte, aus der ein starkes Wachstum des Instituts von 24 bis 34 jungen Frauen im Jahr 1879 auf 60 im Jahr 1885 hervorgeht. 1903/04 lebten 60 von 202 Ausbildung und Beschäftigung suchenden Personen mit Vollpension im Haus. Besonders wird die Integration von Frauen mit Behinderungen betont. Während 1881 mit 5 Schwestern und 47 Arbeiterinnen ein Ertrag von 15.813 Goldmark erzielt und 9.164 Mark an Löhnen ausbezahlt wurde, war der Ertrag im Jahr 1904 bei 10 Schwestern und 198 Arbeiterinnen auf 67.091 Goldmark und 28.888 Mark Löhne gewachsen.

Schon frühzeitig waren neben Privataufträgen (Aussteuern, Ausstattungen) und Sonderaufträgen (Vereinsfahnen, Paramente) auch öffentliche Aufträge von Bedeutung. So fertigte das Marianum bereits 1881 für die Münchner Garnison die Einsäumung von 14.000 Bettlaken und 600 Handtüchern. Und dass die Aufträge zu einem Gutteil aus dem kirchlichen Bereich kamen, erweist noch ein Brief der Oberin an den Stadtpfarrer von Heilig Kreuz vom 27. Oktober 1931, in welchem die preiswerte Arbeit durch Nutzung von Großhandelsrabatten und von freien Arbeitskapazitäten im Winter als Vorzüge hervorgehoben werden.[2]

Der Neubau wurde im Jahr 1901 mit Hauskapelle erstellt und bezogen. Die Vorstandschaft im Förderverein hatte mittlerweile der Stadtpfarrer von Heilig Kreuz, Josef Wagner (1888 – 1921), übernommen. Während des Ersten Weltkriegs sind die Bewohnerinnen durch Uniformschneiderei in die Kriegsproduktion einbezogen gewesen. Nach

Marianum: Bildungs- und Arbeitsstätte, Wohnheim und Integration.

Marianum für Arbeiterinnen (e. V.)
München, Humboldtstrasse 2.

I.
Die Lehr- und Beschäftigungsanstalt „Marianum" wird geleitet von Ehrwürdigen Franziskanerinnen aus dem Mutterkloster Maria-Stern (geprüften Arbeitslehrerinnen) und erteilt Unterricht in allen weiblichen Handarbeiten, teils um die Mädchen tüchtig auszurüsten für den häuslichen Beruf, teils um es ihnen zu ermöglichen, als Arbeiterinnen sich selbst zu ernähren. Letztere. Klasse von Mädchen findet auch Verdienst im Marianum.

Es wird dabei besondere Rücksicht genommen auf solche, welche infolge körperlicher Gebrechen für einen anderen Beruf weniger geeignet sind. Möglichste Sorgfalt wird verwendet auf sittliche Förderung der Mädchen.

II.
Für die Ausbildung der Mädchen bestehen folgende Kurse:
1. Hand- und Maschinennähen,
2. Weiss- und Buntsticken,
3. Goldsticken,
4. Separater Arbeitsschulkurs,
5. Kleidermachen mit Schnittzeichen und Zuschneiden,
6. Blumenmachen,
7. Waschen und Feinbügeln.

III.
Mit den einzelnen Lehrkursen (mit Ausnahme von No. 4) sind Geschäftsabteilungen verbunden und werden für werte Kunden verfertigt:
alle Arten Näharbeiten (Bett-, Tisch-, Leibwäsche, Brautausstattungen), Stickereien, Kleider, Fahnen, Kirchenwäsche, Kirchenparamente.

IV.
Aufnahme finden Mädchen, welche aus der Werktagsschule entlassen sind.

Das Schulgeld beträgt in Kurs 4 monatlich 5 Mark,
in Kurs 5 monatlich 10 Mark,
hiebei können die Mädchen innerhalb des Lehrrahmens Kleider für sich machen.

Für einen Bügelkurs werden 10 Mark berechnet.
Die Bezahlung erfolgt voraus, je am 1. des Monats.

Kriegsende soll das Marianum vorübergehend „weißen" Freikorps als Stützpunkt bei der Niederschlagung der „roten" Räterepublik in Giesing Anfang Mai 1919 gedient haben. Danach wurde es wieder als Wohn- und Ausbildungsheim für junge Frauen verwendet und ging in den Pfarrbereich der neuen Untergiesinger Pfarrei St. Franziskus über.

Am 27. November 1944 zerstörten Sprengbomben das Marianum bis auf die Grundmauern. Während die Schwestern und ein Teil der behinderten Arbeiterinnen in einem Bauernhof in Zell bei Ebenhausen untergebracht wurden, blieb die Zentrale im erhaltenen Keller des Gebäudes an der Humboldtstraße. Der Kontakt erfolgte täglich zu Fuß (22 km) mit einem Leiterwagen.

Der Wiederaufbau zwischen 1945 und 1949 schuf Wohnraum und Arbeitsplätze für 90 Arbeiterinnen und kostete rund 400.000 DM. Oberin war Sr. Lorenza Reindl. Im Lauf der Jahre änderten sich Trägerschaft (Bezirk Oberbayern), Rahmenbedingungen (Auflösung der Schlafsäle) und Zweck des Hauses (Anbau eines Neubaus für „Beschützende Werkstätten" 1970). Mit Abzug der „Sternschwestern" ging das Haus ganz in die Verantwortung des Caritasverbands über und mutierte zu einem Wohnheim besonderer Art für Menschen mit Behinderung.

Volksschule am Kolumbusplatz

Das Schulhaus an der Kolumbusstraße 36, am Südende der Falkenau im Grenzbereich zwischen der Au und Untergiesing, wo bis zum Bau der Eisenbahntrasse Braunauer Brücke-Ostbahnhof das ehemalige Hofkrankenhaus, dann „Giesinger Irrenhaus" stand, wurde in den Jahren 1895–97 in zwei Abschnitten erbaut. Architekt war Karl Hocheder d. Ä.

Es steht am Beginn eines umfassenden Schulhaus-Bauprogramms der Ära des Münchner Stadtschulrats und Reformpädagogen Georg Kerschensteiner zwischen 1896 und 1919. Damit ist es der Prototyp von etwa 30 Bauten, an denen neben Hocheder die namhaften Stadtarchitekten Theodor Fischer, Hans Grässel, Robert Rehlen, Wilhelm Bertsch u. a. beteiligt waren. Die Königliche Haupt- und Residenzstadt München setzte damit in den Vorstädten und neu eingemeindeten Stadtteilen markante Zeichen städtebaulichen Willens. Wegen ihrer stattlichen und kompakten Gestalt – nicht selten mit (Uhr-) Türmen – wurden sie auch „Kerschensteinersche Schulburgen" genannt. Kennzeichen waren zwei Eingänge, je einer für Mädchen und für Knaben, desgleichen zwei Turnsäle, die oft an einer Ecke des Baus übereinander angeordnet waren. Neben einer größeren Zahl von „Schulsälen" (Klassenzimmern) mit hohen Fenstern gab es immer öfter – vor allem in den Gewerbeschulen (Berufsschulen) – Funktionsräume für Werken und Kochen, ein Schulbrausebad („Tröpferlbad") oder einen Schulgarten. In Kriegszeiten wurden Schulen aufgrund ihrer Vielzahl von Räumlichkeiten ebenso wie andere öffentliche Gebäude zusätzlich zu den bestehenden Krankenhäusern regelmäßig als „Reservelazarette" in Anspruch genommen. Das sind Versorgungsanstalten für verwundete Soldaten „außerhalb des Kampfgebietes"; ihre Bezeichnung war dann „Reservelazarett A, B, C usw." oder auch „Reservelazarett I, II, III." Die Kolumbusschule wird in einer Auflistung für den Ersten Weltkrieg als „Reservelazarett H" aufgeführt. Hier wurden die Schulbänke aus den Klassenzimmern geräumt und mit Strohsackbetten für die Verwundeten eingerichtet.

Solche Reservelazarette lassen sich auch über Druckerzeugnisse wie Todesanzeigen und Sterbebildchen (mit Angaben wie „welcher am 5. November 1915 im Reservela-

ERZIEHUNGSANSTALTEN UND SCHULEN

Ausgebrannte Ruine der Columbus-Schule (1944).

zarett ‚Technische Hochschule' in München nach 2monatlicher Krankheit im Alter von 42 Jahren ruhig verschieden ist") sowie Postkarten erschließen. So gingen im Dezember 1917 per Feldpost aus dem „Res. Laz. H. […] Columbusschule München […] Saal 24" Wiedersehens-Wünsche an die „Wohlg.[eborene] Familie Blei, Ökenom in Erphting bei Landsberg". In den 20er-Jahren diente das „Schulhaus an der Columbusstraße 36" als evangelische Konfessionsschule. Sie wurde in der Nacht vom 24. zum 25. April 1944 ein Opfer des Luftkriegs. Wie bei der ebenfalls zerstörten „Silberhornschule" (Pfarrhofschule) in Obergiesing erfolgte kein Wiederaufbau. Am Kolumbusplatz sind in Neubauten

ERZIEHUNGSANSTALTEN UND SCHULEN

Postkarte aus der im Ersten Weltkrieg als Reservelazarett genutzten Kolumbusschule.

Nach Totalschaden im Zweiten Weltkrieg 1944 erfolgte kein Wiederaufbau.

Agilolfinger-Schule, Fassade (2021).

der 1980er-Jahre städtische Einrichtungen (Krippe, Kindergarten, Alten- und Service-Zentrum Untergiesing) untergebracht.

Volksschule am Agilolfingerplatz

Die zweite und eigentliche Volksschule für Untergiesing wurde im Zusammenhang mit der baulichen Konsolidierung des Viertels an dessen Südende am Agilolfingerplatz 1 in den Jahren 1905 – 1907 erbaut. Der Südteil wurde 1906 eröffnet. Architekt war der Münchner Stadtbaurat Hans Grässel, der 20 Jahre später als Alterswerk noch die evangelische Lutherkirche am Giesinger Berg erbaute. Das nach dem ersten bayerischen Herzogsgeschlecht benannte „Schulschloss" wurde ursprünglich auf einem Areal von 12.200 qm mit einer bebauten Fläche von 3.000 qm gleichsam aufs freie Feld gebaut und war für ca. 1.700 Kinder entworfen. Der stattliche viergeschossige Bau verfügte über zwei große Zwerchhäuser (Quergiebel). Zu Beginn hatte die Volksschule die Jahrgangsklassen 1 bis 6 und war in eine Mädchen- und eine Knabenschule getrennt. Noch heute zeugen die einst getrennten und schön bemalten Eingänge davon. Fast von Beginn an waren im Gebäude ein Kindergarten, ein Hort und eine Gewerbeschule untergebracht. Während des Ersten Weltkriegs diente das Schulhaus als Kaserne und Lazarett. Erst 1921 wurden von der Lazarettabwicklungsstelle rund 135.000 Reichsmark zur Behebung der durch diese Nutzung entstandenen Schäden entrichtet. Die normale zivile Nutzung dauerte nur bis zum Jahr 1939: „Im Zweiten Weltkrieg gehörten Luftschutzübungen zum Schulalltag. Das Schulhaus beherbergt nun auch das Fahrnisamt sowie die Möbelbeherbergungsstelle und eine Schreinerei. Zudem wird die Schule wieder als Lazarett benutzt: Reservelazarett II München, Teillazarett Agilolfingerschule. In der Nacht vom 6. auf den 7. September

1943 wird die Schule jedoch durch Sprengbomben so schwer beschädigt, dass sie als Lazarett nicht mehr in Frage kommt: Schwerste Spreng- und Brandbombenschäden haben beide Turnsäle und das Treppenhaus des Knabenaufganges zerstört. Es gibt so gut wie keine heile Glasscheibe mehr, alle Wasserleitungen sind defekt, die Zentralheizung ist unbenutzbar und auch Licht ist nicht vorhanden. Das ganze Schulgebäude gilt nach Aussage des Betreuers der Schule vom Hochbauamt als ‚abgeschrieben'".[3]

Kriegsende und Nachkriegsjahre sind von Zwangseinweisungen (Fremdarbeiterinnen im Rüstungsbetrieb der AGFA u. a., Baracken für Flüchtlinge), Notbetrieb (ohne Heizung, Schulbücher und Unterrichtsmittel, „Wanderklassen") und Teilinbetriebnahmen gekennzeichnet. Erst zum 50. „Geburtstag" des Hauses im Jahr 1957 wurde eine Gesamtinstandsetzung durchgeführt. 36 „Schulsäle" (Unterrichtsräume) für 20 Volksschulklassen und 60 Berufsschulklassen der „Kaufmannsschule für Kontoristen" standen zur Verfügung. Ein Freizeitheim und ein Schulgarten wurden eingerichtet. Jubiläums-Ehrengäste waren OB Thomas Wimmer und Stadtschulrat Anton Fingerle.

Die zweite Hälfte der Schulhausgeschichte gestaltete sich bis ins Jahr 2007 und darüber hinaus vielfältig mit Umwidmungen, Gastbelegungen, Neubauten (z. B. Turnhallen) und Renovierungen zu einer komplexen Ganztageseinrichtung.

So konnte die Schulgeschichte Giesings, angefangen bei einer provisorischen Unterbringung in einem Bauernhaus über das erste eigenständige Schulhaus, die Pfarrhofschule, später Silberhornschule – mit Erweiterungsbauten, mit der Kolumbusschule (1895 – 97, Karl Hocheder d. Ä.), der St.-Martin-Schule (1900 – 1902, Robert Rehlen), der Agilolfingerschule (1905 – 07, Hans Grässel), und der Ichoschule (1915/16; 1919, Hans Grässel) fortgesetzt werden. Nach dem Zweiten Weltkrieg kamen die Schulneubauten an der Perlacher und an der Weißenseestraße hinzu. Die im Zweiten Weltkrieg total zerstörten Schulgebäude an der Silberhornstraße und am Kolumbusplatz wurden nicht wieder aufgebaut. Weiterführende Schulen gab es in Giesing keine. Die nächstgelegene war die Königliche Maria-Theresia-Kreisrealschule am Regerplatz in der Hochau. Erst mit der Bildungsreform in den 70er-Jahren bekam Giesing ein Gymnasium: „das Asam", Ecke Schliersee-/St.-Martin-Straße, gefolgt im Jahr 1984 vom Anton-Fingerle-Bildungszentrum mit Zweitem Bildungsweg, einer Fachoberschule und den sozialpädagogischen Bildungsstätten der Landeshauptstadt München

---

1 Ferdinand von Moreau: Das Marianum für Arbeiterinnen. Monatsschrift für die Caritas in Bayern. Nr. 4, 1904
2 Pfarrarchiv Heilig Kreuz, Bestand Marianum
3 Aus: Festschrift. 100 Jahre Schule am Agilolfingerplatz, Seite 33

Von Gärtnereien zu einer „neuen Birkenleiten"

Entstehen und Vergehen der Gärtnereien

Die ersten Gärten zwischen Mühlbach und Isar entstanden wohl in Zusammenhang mit den dort gelegenen Mühlen- und Gutsbetrieben schon vor dem 19. Jahrhundert zur Selbstversorgung. Eine besondere Rolle nahmen dabei die weitläufigen Nutzgartenanlagen des ehemaligen Hofbedieensteten-/ später Bezirks-Krankenhauses (Irrenanstalt) zwischen der heutigen Kupferhammer-/Freibadstraße und dem Edlingerplatz ein und zwei Generationen später der „Ziergarten" an der Eichthal-Villa, der Park an der Kester-Villa und drei „Kaffee-Gärten" an der Westseite der Pilgersheimer Straße. Erst mit den Drainage- und Trockenlegungsarbeiten des Gutsherrn von Birkenleiten, von Windsberger, entstanden um 1840 neben den Neusiedlungsflächen der Birkenau neue Gartengründe. Wenig später wurde an der aus der Schönfeld-Vorstadt hierher verlegten Frühlingsstraße in den Frühlingsanlagen die Stadtgärtnerei gebildet, die sich später über das Schyrenbad und das ehemalige Radstadion, dann den „Jugend- und Turnspielplatz" bis zum Eisenbahn-Südring und über die Braunauer Eisenbahnbrücke hin ausdehnte.

Fast 50 Gärtner weist das Münchner Stadtadressbuch von 1835 aus; sie lebten fast ausschließlich in den damaligen Stadtrandbereichen oder Vorstädten: im Lehel, der Isar-, Schönfeld- oder Max-Vorstadt. Über die östlich der Isar gelegenen Vorstädte schreibt Dr. Anselm Martin, der zuständige Gerichtsarzt des Landgerichts Au – wozu auch Giesing und Haidhausen gehören –, im Jahr 1837 in seinem „Physikatsbericht", dass dort „dieser Kulturzweig fast ganz daniederliegt". Eine Ausnahme bildeten lediglich die bäuerlichen Hausgärten für den Eigenbedarf und gelegentliche Obstbaumpflanzungen. Immerhin weist das Stadtadressbuch für das Jahr 1852 für Haidhausen 18 und für die Au sieben Gärtner aus; von Giesing fehlen sie.

Über die ersten gewerblichen Gärtnereien dort macht das Grundsteuerkataster vom Jahr 1861 folgende 15 Angaben:

„In der „Äußeren Birkenau", der späteren Sommerstraße, sind dies:
- Nr. 1: Die Gärtnerswitwe Thekla Daffner verkauft am 6. August 1860 Gemüsegarten mit Glashaus um 5.500 Gulden an den Gärtner Sebastian Sutor.
- Nr. 3: Matthias Simeth kaufte am 5. Juli 1843 von Leonhard Leinfelder mit mehreren, inzwischen veräußerten Realitäten eine Grundfläche zur Errichtung eines Gemüsegartens mit Glashaus und 3 Brunnen. Auf Pl.-Nr. 5 wurde Gärtnerhaus erbaut.
- Nr. 4: Am 30. Mai 1854 übergibt die Witwe Scheidecker an Sohn Peter Sch., verheiratet mit Amalie Kirchberger, Gebäude mit Glashaus und 6 weiteren Glashäusern, Gemüse- und Blumengarten mit 4 Brunnen.
- Nr. 5: Aus dem Nachlaß des Andreas Schwarzkopf übernimmt Xaver Schwarzkopf und Frau Walburga, geb. Schmid, Gärtnerei mit Glashaus, Gemüsegarten mit 2 Brunnen am 19. Dezember 1850, die Geschwister werden ausbezahlt.
- Nr. 6: Gärtner Friedrich Lautenbach und Frau Katharina, geb. Heiler, errichten 1853 auf den von den Gärtnerseheleuten Johann N. u. Maria Hirsch erkauften Gründen Gärtnerhaus, Gemüsegarten mit Brunnen.
- Nr. 36: Hier wohnt Gärtner Georg Riedleder.

In der Lohstraße:
- Nr. 66: Gärtnermeisterswitwe Barbara Schmidt lt. Vatergutsvertrag 31. Januar 1850 nach Tod des Ehemanns Philipp Schmidt erworben (Wurz- und Gemüsegarten).
- Nr. 71: Gärtnerseheleute Wilhelm und Katharina Mayer am 19. September 1853 von Schwiegervater Peter Scheidecker um 5.000 Gulden erworben. Gemüsegarten mit zwei sog. Holländerkästen und einem Brunnen.

Am Perlacher Weg:
- Nr. 2: Gärtner Franz Winkler verkauft am 22. November 1855 an Gärtner Franz Most Gemüsegarten mit Glashaus um 4.150 Gulden.
- Nr. 3: Gärtner Johann Straßer erwirbt am 16. April 1859 eine Grundstücksfläche und richtet eine Gärtnerei mit Gemüsegarten und Brunnen ein.

An der Pilgersheimer Straße:
- Nr. 21: Gärtner Jakob Ludwig und Maria, geb. Bleimeier, Wohnhaus, Gemüsegarten mit 3 Brunnen, der neue Garten genannt. Erbvertrag vom 1. Februar 1855.
- Nr. 27: Georg Riedleder besitzt das Gärtneranwesen mit Gemüsegarten am Haus und weiteren Gemüsegarten mit 2 Brunnen, insgesamt 5,028 Tagwerk. Erworben am 29. Januar 1851 durch Einheirat/Ehefrau Agathe Haager).
- Nr. 28a: Gärtner Michael Hirsch, 26. Juli 1854 von Gärtnerseheleuten Jak. und Monika Hirsch um 1.000 Gulden erkauft (Gemüsegarten mit 2 Brunnen).
- Nr. 28b: Gärtner Anton Braun und Theresia, geb. Lampl. Lt. Ehevertrag vom 28. Januar 1820 hat Theresia durch Heirat mit ihrem 1. Mann Vitus Hirsch den Besitz erworben. Gemüsegarten mit Holländerkästen und 5 Brunnen.

An der Wirthstraße:
- Nr. 2 Gärtner Nikolaus Kiening, Wohnhaus mit Stadel und „Tröberngarten", Holzhütte, Abtritt am 3. Januar 1848 zum Wert von 2.000 Gulden übernommen, Gemüsegarten am Anger mit 2,141 Tagwerk.

An der Entenbachstraße:
- Nr. 59: Gärtner Johann u. Anna Grünwald, Garten mit 11,573 Tagwerk."[1]

Die Eisenbahntrasse zwischen Lohe und Birkenau, in den 1860er-Jahren erbaut, hatte für das dortige Gewerbe keine positiven Auswirkungen, da man auf einen Bahnhof, ja sogar einen Haltepunkt aus Rentabilitätsgründen verzichtete. Eine bessere Anbindung an das Marktgeschehen Münchens brachte im Jahr 1876 die Wittelsbacher Brücke, da die Fuhrwerke schneller zum Sendlinger Tor und Viktualienmarkt, später zur Großmarkthalle als Absatzstätte für Gemüse und zum Schlacht- und Viehhof als Bezugsstätte des von den Gärtnern begehrten „Wamperdüngers" (Viehgedärme samt Inhalt) gelangen konnten. Von den Anwohnern war letzterer wegen seines üblen Geruchs weniger geschätzt.

Das Wachstum Münchens durch Eingemeindungen und Zuzüge hatte eine Ausweitung der Gärtnereien an seiner Peripherie zur Folge. Den Beginn machte schon die Umstellung vom alten Zunftrecht auf das neue Gewerberecht im Jahr 1825, wodurch alte Hemmnisse entfielen und nach weiterer Differenzierung und Expansion im Jahr 1868 auch ein zentraler Münchner Gärtnerverein gegründet wurde.[2]

VON GÄRTNEREIEN ZU EINER „NEUEN BIRKENLEITEN"

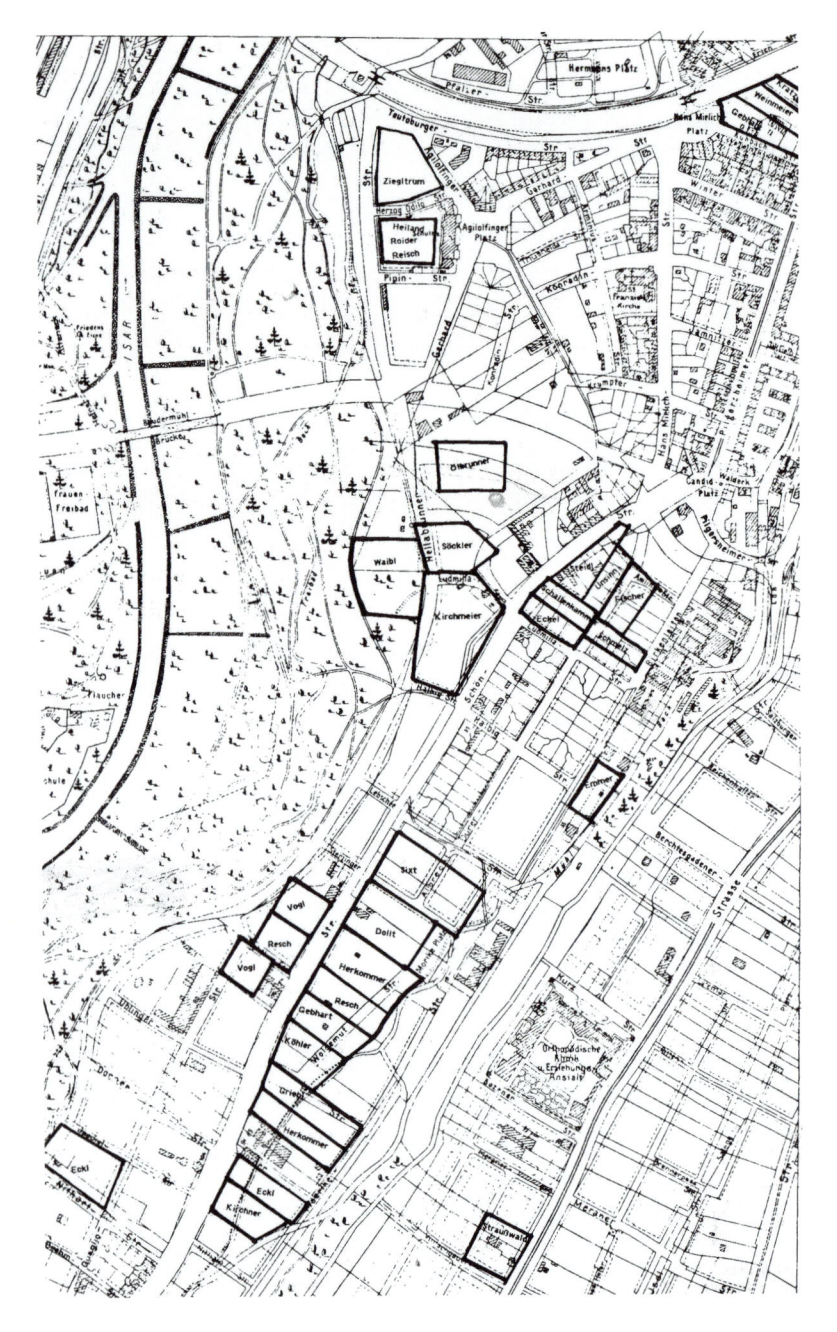

Der Verkauf der Liegenschaften von Schlossgut Birkenleiten an die Stadt München und die Weiterveräußerungen macht ebenso wie etliche Jahre später die Aufteilung des Schatzlhofs die Niederlassung mehrerer Gärtnereien möglich. Im Jahr 1884 zählte man in Giesing bereits 34 Gärtnereien, damals die Mehrzahl noch im unteren Ortsbereich, bevor im Giesinger Oberfeld vom neuen Ostfriedhof bis hinaus nach Stadelheim und im Randbereich der Tegernseer Landstraße aus Ackerland neue Betriebe entstanden: „Die Landwirtschaft trat hinter den übrigen Erwerbszweigen fast gänzlich zurück oder begann ihren Betrieb auf den aussichtsreicheren Gartenbau (Gemüsebau) umzustellen; überhaupt nahm die Gärtnerei in den letzten Jahrzehnten (des 19. Jahrhunderts, Anm. des Verf.) einen größeren Aufschwung und schuf gleichsam noch einmal einen neuen bodenständigen Erwerbsstand."[3]

Im Jahr 1893 gab es in München bereits 8 berufsständische Gärtnervereine. Im Juli wurde in die Zahl der regionalen Organisationen der „Gärtnermeister-Verein München-Giesing" durch protokollarische Gründung mit Festgottesdienst und Fahnenweihe in der Pfarrkirche Heilig-Kreuz aufgenommen. Vorsitzende wurden Wolfgang Schreiber (1.) und Josef Scheidecker (2.) aus der Birkenau. Besonders die Anfangsjahre des Vereins waren durch lebhafte Geselligkeit mit Bällen, Gartenfesten und jährlichen Festgottesdiensten gekennzeichnet.

Witterungsprobleme, wie immer wieder Hagel (z. B. 1908) und Hitze (1911) sowie Einberufungen, Todesfälle, Arbeitskräftemangel, Inflation und Absatzschwierigkeiten in Krieg und Nachkriegszeit kamen hinzu. NS-Zeit, Zwei-

Die Untergiesinger Gärtnereien zwischen Birkenau und Schönstraße (Planausschnitt ca. 1950).

ter Weltkrieg und Besatzungszeit verschärften oftmals die Notlagen bis zum Äußersten.

Doch selbst die schlimmsten Jahre des Bombenkriegs konnten die meisten Gärtnereien überstehen. Zu rechnen ist in Untergiesing – Stand von 1933 – mit etwa 35 Gärtnereien:
- In der Sommerstraße: Kratzer, Weinmeier, Gebhart;
- Westlich der Agilolfinger Schule: Ziegeltrum, Heiland, Roider, Reisch;
- Westlich und südlich des Candidplatzes: Ölbrunner, Stöckler, Waibl, Kirchmeier und Steidl, Unsinn, Fischer, Schallenhammer, Eckel, Schmelz, ferner: Emmer (Birkenleiten);
- Entlang der Schönstraße: Sixt, Doll, Herkomper, Resch, Gebhart, Köhler, Griebl, Kirchner und rechtsseitig: Vogl, Resch, Vogl, Eckl.

Weltfirma „Salus" – Ausgangspunkt Schönstraße

Der Münchner „Alternativmediziner" Dr. med. Otto Greither (1867–1930) konnte bei der Gründung seiner Salus-Werke 1916 in der Türkenstraße bereits auf umfassende Studien und Erfahrungen zurückgreifen. Er hatte schon eigene Naturheilverfahren entwickelt und teilweise am eigenen Leib praktiziert, als er sich 1925 – mit fast sechzig Jahren ein „später Vater" – mit einer Gärtnerei in einer landhausartigen Villa in der Untergiesinger Schönstraße 10 niederließ.

Gegenüber den anderen Untergiesinger Gärtnereien, die vor allem Gemüse- und Blumenaufzucht betrieben und der Vermarktung ihrer Produkte in München dienten, waren die Salus-Werke in der Schönstraße untypisch. Sie betrieben die Herstellung pflanzlicher Produkte – Öle, Tees, Salben, Pastillen – für die medizinischen Anwendungen, die Dr. med. Otto Greither entwickelt hatte. Das Hauptaugenmerk lag vor allem auf seiner Greither-Kur und den lebensreformerisch-vegetarischen Ernährungsweisen, die er propagierte und über einen Vertrieb an Reformläden im ganzen Deutschen Reich selbst zu steuern versuchte. Seine Grundmaximen lauteten: „Heilen heißt reinigen" und „Heilen durch sich selbst".

Dr. Otto Greither, der Gründer von SALUS.

So nimmt es nicht Wunder, dass die Belegschaft der Salus-Werke schon drei Jahre nach ihrer Ansiedlung in der Schönstraße 10 bereits an die 50 Personen, etwa 40 davon waren meist jüngere Frauen, ausmachte. Man könnte den Betrieb auch eine große Kräuterplantage mit angeschlossenem Verarbeitungslabor samt Vertriebsabteilung bezeichnen.

Nach dem frühen Tod des Gründers 1930 führte seine Witwe Thea mit einem Geschäftsführer den mittlerweile florierenden Betrieb weiter, der sich auch des Wohlwollens

Greithersche SALUS-Gärtnerei mit Gewächshäusern und Produktionsgebäuden. Im Hintergrund Isarauen dem Flaucher zu.

der NS-Mächtigen erfreute, den Weltkrieg aber nicht unbeschadet überstand. Schon frühzeitig wurden die Anlagen, da in der Nähe der Bahntrasse gelegen, ein Raub der Flammen im Bombenkrieg. So kehrte Otto Greither jr. nach Abitur, Arbeitsdienst und Wehrdienst samt Lazarettaufenthalt 1946 in das zerstörte Untergiesing zurück und fand die Salus-Werke nur noch als Ruinen vor. Mit Freunden sowie zwei ehemaligen Mitarbeiterinnen, welche die Teeproduktion in den Kriegsjahren in einer ehemaligen Harlachinger Gaststätte provisorisch aufrechterhalten hatten, begann der Wiederaufbau der Salus-Baracken in der Schönstraße 10.

Nach einem Jahr konnte 1947/48 wieder Tee produziert werden, was vorerst zum Leben reichte. Otto Greither musste notariell die Geschäftsfähigkeit zuerkannt werden: Er war ja mit 20 Jahren noch nicht volljährig! Mit viel Energie der nachfolgenden Generation – manche „Ehemalige" kehrten aus Krieg, Evakuierung oder Gefangenschaft nach München zurück und suchten Arbeit – wurde „Salus" in den Nachkriegsjahren wiederaufgebaut und fand zu neuer Blüte in der Zeit des Wirtschaftswunders.

Entscheidend für das Wachstum der Firma und seine Umwandlung in „Salus Haus" wurde das Jahr 1962 mit

VON GÄRTNEREIEN ZU EINER „NEUEN BIRKENLEITEN"

Die Greither-Villa an der Schönstraße 20 mit der großen Belegschaft (ca. 1928).

dem Ausbau der wissenschaftlichen Abteilung unter dem Pharmazeuten Dr. Heinz Schilcher von der Ludwig-Maximilians-Universität München und dem Erwerb der Floradix-Arzneimittelfabrik in Wiesbaden. In der Schönstraße trat ein wissenschaftliches Labor an die Stelle der Kantine und der Floradix-Kräuterblutsaft wurde bald zum umsatzstärksten Salus-Produkt. Dies hatte zur Folge, dass die Produktionsmöglichkeiten in Untergiesing nicht mehr ausreichten. Die Erweiterung an Ort und Stelle wurde durch städtischen Baustopp verhindert. Das Umfeld des Candidplatzes und der Schönstraße waren damals schon in die Planungen und Bauvorhaben des Mittleren Rings im

VON GÄRTNEREIEN ZU EINER „NEUEN BIRKENLEITEN"

SALUS-Auslieferung mit Firmenwagen 1938 …

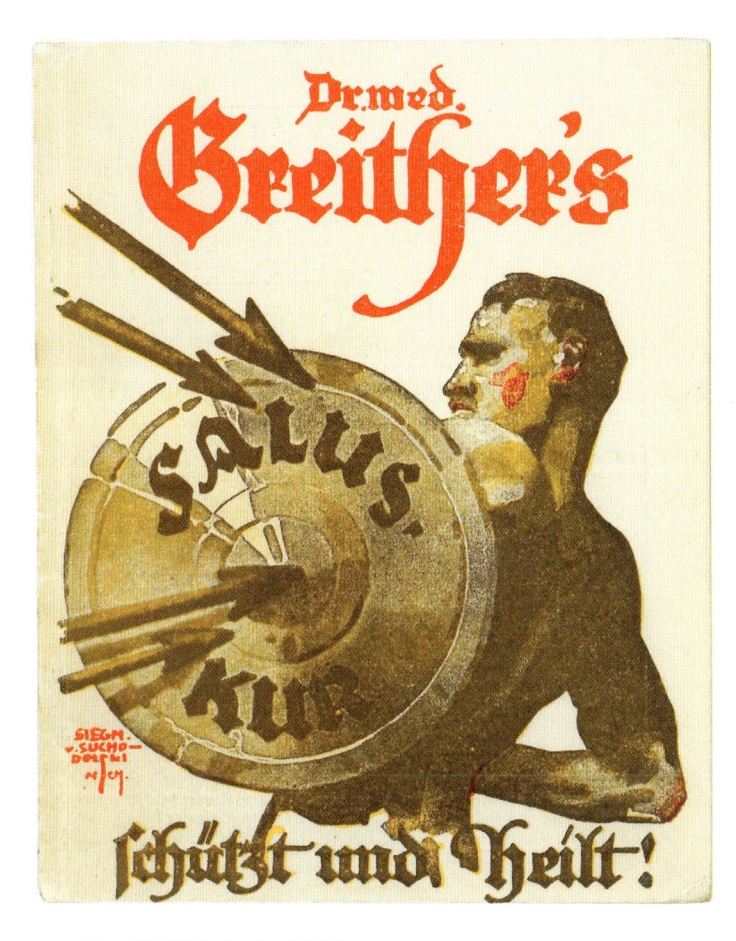

VON GÄRTNEREIEN ZU EINER „NEUEN BIRKENLEITEN"

... und das SALUS-Logo, der Schildmann.

Der Firmeninhaber Otto Greither (jun.) als 90-Jähriger auf einem Echinacea-Feld bei Bruckmühl.

Vorfeld der Münchner Olympiade von 1972 einbezogen, dem unter anderem in der Nachbarschaft auch die alte Giesinger Mühle, die „Bäcker-Mühle", zum Opfer fallen sollte. So blieb eine Verlegung von Salus nach Bruckmühl bei Bad Aibling, wo die Familie Greither eine Wochenendbleibe hatte und entsprechende Gewerbeflächen für weiteres Wachstum zur Verfügung standen.

In Bruckmühl vollzog sich dies auch nach Integration weiterer verwandter Produktionszweige sowie Maschinisierung und Automatisierung nicht ungehemmt. Zwei große Brandkatastrophen 1974 und im März 1986 und kurz darauf der Tschernobyl-Reaktor-Unfall – ein Großteil der Kräuter wurden damals aus Osteuropa importiert – beeinträchtigten die Entwicklung stark, konnten aber durch Ausweitung der Produktpalette und internationaler Geschäftsbeziehungen mehr als ausgeglichen werden. Salus produziert auf einer 600 ha großen Plantage in Südchile Kräuter für seine Tees und Produkte und darf als internationale, ökologisch mustergültige, moderne „Gesundheitsfirma" bezeichnet werden.

Im Verlauf der Nachkriegszeit ist die gewerbliche Gärtnerei in Untergiesing stark zurückgegangen und im Umfeld der Schönstraße einer umfassenden Wohnbebauung gewichen.

Templer-Kloster und Ukrainische Bischofskirche

Zwei ungewöhnliche Einrichtungen haben in der Zeit nach dem Zweiten Weltkrieg ihre Heimat in Untergiesing gefunden: An der Schönstraße 55 die Ukrainisch-griechisch-katholische Bischofskirche Maria Schutz und Hl. Apostel Andreas mit Seelsorge-Zentrum und an der Birkenleiten 35 auf dem Gebiet einer großen Villa ein Templerkloster.

Das Templer-Kloster in der Birkenleiten 35

Der Templer-Orden ist an der Wende vom 11. zum 12. Jahrhundert aus einem Pilgerhospiz am Tempel Salomons in Jerusalem („Tempelberg") entstanden. Nach der Tradition sollen acht südfranzösische Ritter auf einer Wallfahrt ins Heilige Land im Jahr 1118 nach einer Marienerscheinung den Auftrag erhalten haben, den Orden zu gründen, zum Schutz und zur Betreuung der Pilger. Zehn Jahre später verfasste der prominente Zisterzienserabt Bernhard von Clairvaux (1080 – 1148) für diese Gemeinschaft auf dem Konzil von Troyes eine Regel. Mit der Bulle „Omne datum optimum" von 1138 erhob Papst Innozenz II. die Templer zum ersten Ritterorden der Kirche, verlieh ihm Unabhängigkeit und umfangreiche Privilegien. Dies machte den Templerorden mit zahlreichen Niederlassungen (Kommenden) in Frankreich und ganz Europa zum mächtigsten und reichsten Orden des 13. Jahrhunderts. Mit dem Scheitern der Kreuzzugsbewegung geriet der Orden in Misskredit; der bei ihm verschuldete französische König Philipp IV. erstrebte mit Schauprozessen und Hinrichtungen seine Aufhebung, der Papst Clemens V. wider besseres Wissen auf dem Konzil von Vienne 1312 stattgab. Die Tradition des Ordens lebte in vielen Ländern unter anderen Namen und Formen fort. Im Zusammenhang mit der Säkularisierung von adeligen Orden, dem Entstehen der Freimaurerei und esoterischen Gründungen sind neutemplerische Gemeinschaften entstanden, die wenig oder nichts mit dem historischen Templerorden als kirchlicher Ordensgemeinschaft mit Regel und vita communis zu tun haben.

Inwieweit die in München vor dem Zweiten Weltkrieg nachzuweisenden templerischen Gemeinschaften – z. B. die von Karl Hirn aus Seeshaupt im Jahr 1936 gegründete Gemeinschaft – tatsächlich „Templerklöster" oder eher neutemplerischer Provenienz waren, ist heute kaum mehr nachzuweisen.

Der „Archiconvent der Templer München" in der Birkenleiten 35 bezieht sich jedenfalls auf die klassische templerische Tradition und die Templerregel, wie sie Bernhard von Clairvaux formuliert hat und hat nichts mit esoterischen Sonderbestrebungen zu tun. Er bezeichnet sich selbst als „das Haupthaus der ‚Deutschen Zunge' des orientalisch-orthodox-katholischen und kreuzesritterlichen Ordens der Templer."[4] Damit ist er eine Gemeinschaft in strenger klösterlicher Klausur, die sich nur in der Hospitalität täglicher Armenspeisung nach außen öffnet. „Gäste" oder „Pilger" werden heutige an der Klosterpforte auf die Essenszeit wartende Obdachlose von Mönchen und Nonnen genannt, denn das Kloster an der Birkenleiten ist ein Doppelkonvent, in welchem etwa 13 Personen strikt nach Geschlechtern getrennt in zwei Baukomplexen wohnen. Der langjährige Klosterobere Dom Archangelos, der intern mit „Hochwürdigster Vater" angesprochen wurde, sich aber auch als „Großmeister Deutscher Zunge" oder „Bischof" titulieren ließ, verglich sein Kloster gerne einmal mit Kloster Ettal. Diese Stiftung Kaiser Ludwigs des Bayern, die gerade in die Zeit nach der Aufhebung des Templerordens durch den Papst fiel, könnte also eine Art „Ersatzgründung" gewesen sein: Ritter und Damen in klösterlicher Gemeinschaft um ein templerisches Kirchenoktogon.

Bereits 1945 sollen überlebende Templer – sie waren in der NS-Zeit verfolgt und gefoltert worden – das Ungerer-Palais (heute Birkenleiten 27) gepachtet haben und nach dem Übergang der Immobilie an die Landeshauptstadt München bei diesem Pachtverhältnis bis zum Abbruch 1969 geblieben sein. Dann konnten die Templer die nahegelegene Winterhalter-Eckart-Villa (Birkenleiten 35), die mittlerweile der Landeshauptstadt gehörte, pachten und wenig später käuflich erwerben. Im Jahr 1974 wurde das „Trinitarion des orientalisch-orthodox-katholischen und kreuzesritterlichen Chor- und Hospitaliterordens der Templer" beim Amtsgericht München in das Vereinsregister eingetragen, konnte damit die Gemeinnützigkeit erlangen und dem Paritätischen Wohlfahrtsverband beitreten. Dies war für die Erlangung öffentlicher Zuschüsse für die vom Kloster betriebene Armenspeisung notwendig.

Heute bildet die alte Villa nur noch etwa ein Siebtel des Baubestandes. Alle übrigen Teile – auch die Innenarchitektur – wurden entlang einer konsequent denkmalschützerischen Linie dem ursprünglichen späthistoristisch-neuromantischen Mischstil nachgebaut. Dem Kloster – als „kirchlicher Einrichtung" – wurde im Jahr 1979 unter Einschaltung staatlicher Stellen sogar ein spektakulärer fast 70 Meter hoher Kirchturm zugestanden, der genuin templerische Bauelemente des späten Mittelalters, z. B. Eckürmchen mit der dem bayerischen Barock entlehnten Turm-

Templerkloster mit dem umstrittenen Glockenturm und seinem Geläute.

zwiebel (18 m) verband. Wichtig war für das Kloster aber der Zugewinn von 400 bis 500 qm Nutzfläche in den acht Turmgeschossen, um Kleiderkammer, Vorratsräume und Bibliothek unterzubringen. Das Geläute im Turm ist mit 20 Glocken eines der größten im süddeutschen Raum.[5]

Nach Selbstauskunft des Klostervorstehers Dom Archangelos vom 27.08.2001[6] ist „Ziel und Zweck des Ordens […] die Anbetung des dreifaltigen Gottes und die Verehrung der allerseligsten Jungfrau Maria nach den strengen Regeln des Templerordens, Aufgabe seiner Mitglieder, streng kontemplativ in feierlicher, schöner und edler Weise Gott zu dienen und armen, kranken und notleidenden Geschöpfen zu helfen. In den Orden kann jeder Mensch eintreten, der bereit ist, im Glauben an die Lehren der heiligen apostolisch-katholischen Kirche nach den strengen Ordensregeln zu leben. Im Templerorden werden von alters her west- und ostkirchliche Traditionen gepflegt, betrachtet er doch die römisch-katholische und die orthodoxen Kirchen von ihrem Ursprung her als ‚eine Kirche'." Dem entspräche, dass man die Lehrautorität des Papstes anerkenne, ohne umgekehrt die Anerkennung durch den Papst als apostolische Gemeinschaft in Anspruch zu nehmen. Ein „Weiheinstrument", also eine schriftliche Dokumentation der Priester- und ggf. Bischofsweihe, weist der Prior nicht vor; dies sei ein „Arcanum", d. h. unterliege der Geheimhaltung des Ordens. Zwar betrachte man „– in Übereinstimmung mit vielen Kirchenrechtlern und Juristen – die Verurteilung des Ordens als Unrecht, das Verbot und die Auflösung als nicht rechtens und im Widerspruch zum Kirchenrecht stehend". Man hat aber, als die päpstlichen Vorbehalte gegenüber dem Begehren des französischen Königs im Jahr 2007 nach Auffindung „verlorener" Urkunden in den vatikanischen Archiven bekannt wurden, öffentlich keine Konsequenzen gezogen.

Das Templerkloster in der Birkenleiten ist bekannt für seine Armenspeisung. Täglich werden an die 100 warme Essen (Suppe oder Vorspeise, Hauptessen, Nachspeise) an Bedürftige in eigenen Gasträumen ausgegeben und dort an den Tischen serviert. Dazu kommt – im Stil der „Tafeln" – die Ausgabe von Lebensmitteln im Hof ohne Bedürftigkeitskontrolle. Speisen und Backwerk werden in der klostereigenen Küche von Klosterangehörigen selbst zubereitet oder von ehrenamtlichen Helfern verteilt. Die Grundstoffe bekommt das Kloster von Nahrungsmittelketten oder Märkten geschenkt bzw. werden von ihm durch Zukauf erworben. Das bedeutet, dass sich hier ein großer „Gastronomiebetrieb" befindet, der auch en gros einkauft und lagert und keinen merkantilen Interessen unterliegt, weil er keinen Gewinn erwirtschaften muss. Dazu kommt noch der Dienst der Kleiderkammer, wodurch Bedürftige mit Schuhwerk und warmer Kleidung usw. versorgt werden.

Alle Einnahmen des Klosters durch auswärtige Arbeit von Konventualen – Angehörigen der Klostergemeinschaft – und Oblaten – Zugehörige der Klosterfamilie ohne dortige Wohnung – oder Spenden werden gedrittelt: das erste Drittel für den Gottesdienst, das zweite Drittel für die Armen, das letzte Drittel für Haus und klösterliche Gemeinschaft. Diese unterliegt strengem Fasten, was bedeutet, dass in der Regel nur eine Sättigung am Tag erlaubt ist – und das bei absoluter Fleischabstinenz. Der Tagesablauf ist durch die Gebetszeiten und die Gottesdienste in der Kapelle im Nonnentrakt und in der glänzend ausgestatteten Kirche im Mönchstrakt strukturiert. Manche feierlichen Gottesdienste haben eine lange Dauer und dehnen sich in die Abend- und Nachtstunden. Die Liturgie wird in lateinischer, deutscher und griechischer Sprache gefeiert, oft in einer Mischform analog dem Ritus der römischen Messe. Die Ausstattung der Kirche mit Kunstwerken ähnelt eher orthodoxen Gotteshäusern mit reichhaltigen Bildwerken in der Form von Ikonostasen (Bilderwand vor dem Altarraum). Auf die Frage nach der Herkunft der sehr unterschiedlichen Kunstwerke und Heiligenfiguren deutete der Klosterobere an: „Die haben uns schon immer gehört." Was mit einer ungebrochenen Sammlerleidenschaft oder vielfältigen Kontakten in die templerische Tradition gedeutet werden kann. Gegenüber neutemplerischen oder esoterischen Bestrebungen zeigte er sich sehr reserviert; auch das „Templerkreuz" (Tatzenkreuz) wolle man nicht den Maltesern überlassen, hatten diese ehemaligen Johanniter doch die Reichtümer des Templerordens vom Papst bei dessen Aufhebung 1312 zugeschrieben bekommen.

Seit mehreren Jahren wird das Templerkloster an der Birkenleiten von Dom Augustinus geleitet, der einem Journalisten in mehreren Gesprächen ein ausführliches „Interview" gegeben hat.[7] Schon die Frage nach seinem bürgerlichen Namen beantwortete er aber abschlägig: „Es zählt nicht, wer jemand ist, was er gemacht hat, was er kann, sondern was für einen Weg er jetzt gehen will [...] weltliche Namen tragen wir hier nicht mehr, jeder bekommt einen Ordensnamen." Dies und noch manch andere Ausführungen sind für Außenstehende unverständlich oder befremdlich. Das Innere des Klosterlebens bleibt „abgeschlossen", steht unter „Klausur". Es ist doch eine andere Welt.

Unierte Katholische Ukrainer vom griechischen Ritus Maria-Schutz- und St. Andreas-Kirche an der Schönstr. 55

Eine weitere Sonderstellung in Untergiesing – und auch in der römisch-katholischen Kirche – nehmen die katholischen Ukrainer ein. In Ostmitteleuropa bestand vom 15. bis zum 18. Jahrhundert ein multireligiöser Vielvölkerstaat als Adelsrepublik mit Wahlkönigtum, welcher das heutige Polen, Litauen, Weißrussland und die Westukraine umfasste und selbst über Generationen mit Sachsen in einer Personalunion verbunden war. Zwischen dem Zarenreich mit russisch-orthodoxer Kirche („drittes Rom"), dem Osmanenreich, dem Habsburgerreich und bald auch Brandenburg-Preußen, mit vielfältigen Ausprägungen der Reformation etwa in Siebenbürgen, Ungarn und Litauen versuchte sich die römisch-katholische Kirche im 16. Jahrhundert zu behaupten. Ein wichtiges Datum ist die Kirchenunion von Brest von 1596, in welcher fünf orthodoxe Kirchenprovinzen des litauisch-ruthenischen Bereichs die kirchenrechtliche Hoheit des römischen Papstes unter Beibehaltung des griechischen Ritus und einer eigenen Kirchenordnung – etwa auch des Julianischen Kalenders – anerkannten. Daraus entstand die mit dem Hl. Stuhl unierte Ukrainisch-griechisch-katholische Kirche, die über die Jahrhunderte und die Veränderung der politischen Zeitläufte bis zum heutigen Tage existiert, obwohl in verschiedenen Provinzen im Kirchenkampf zwischen Orthodoxen und Lateinern ein heftiges Hin und Her herrschte. Besonders in der Westukraine und in den Ländern ukrainischer Emigration des 20. Jahrhunderts nimmt die unierte Kirche eine dominierende Stellung ein. Hier spielen die politischen Fluchtbewegungen im Zusammenhang mit den Weltkriegen, russischer Revolution, Kollaboration und Zwangsarbeit eine wichtige Rolle, die immer wieder Ukrainer in den Westen gespült oder dort zu bleiben veranlasst haben. Dies hat den Vatikan veranlasst, die mit ihm verbundenen – unierten – Ukrainer institutionell und organisatorisch zu unterstützen, indem Papst Pius XII. im Jahr 1940 für sie eine „apostolische Administration" einrichtete und den aus Lemberg (Lwiw) im ehemalig habsburgischen Galizien stammenden Priester Petro Werhun (1890 – 1957) mit der Seelsorge für sie beauftragte.

VON GÄRTNEREIEN ZU EINER „NEUEN BIRKENLEITEN"

Mit dem Ende des Zweiten Weltkriegs wurden im sowjetischen Machtbereich alle kirchlichen Aktivitäten unterbunden. Werhun starb, wegen Kollaboration verurteilt, nach acht Jahren Zwangsarbeit in der anschließenden Verbannung 1957 in Sibirien. In den westlichen Besatzungszonen wurden die Ukrainer als DPs („displaced persons") behandelt und ihr z. T. privilegierter Emigrantenstatus entwickelte sich im Zeichen des „Kalten Krieges". München wurde zu einem Zentrum der ukrainischen Emigration: Bereits ab 1945 zogen im Gefolge der US-Army verschiedene antisowjetische Organisationen nach München, etwa die Freie Ukrainische Universität, die bereits 1921 in Wien gegründet worden war, in die ehemalige Hallgarten-Villa in die Pienzenauerstraße 15; am Isarring 11 adressierte lange der ukrainische Schulverein „Ridna Schkola" e. V.; am Biederstein 7, dem ehemaligen Stammhaus der Hesselberger Lederfabrik, ist heute noch ein ukrainisches Internat oder Studentenheim untergebracht und am Tivoli am Englischen Garten befand sich mit den US-Sendern „Free Europe" und „Radio Liberty" von 1952 – 1992 ein Zentrum der amerikanischen Auslandspropaganda.

So entstanden neben den z. T. im Untergrund weiterbestehenden „Diözesen" („Eparchien") im Heimatland in der westlichen Diaspora „Exarchate" mit Bischöfen an deren Spitze. Dies geschah nach einer erneuten Seelsorgebeauftragung unter dem Apostolischen Visitator Iwan Buczko 1947 durch Papst Pius XII., dann durch Errichtung eines Exarchats für Deutschland durch Papst Johannes XXIII. im Jahr 1959. Zum ersten Bischof wurde der aus der Bukowina (ehem. Königreich Rumänien) stammende Platon Kornyliak geweiht (1959 – 1996, †2000). Seinerzeit wurde 1984 das Exarchat auf die skandinavischen Länder ausgedehnt. Sein Nachfolger wurde der aus einer kinderreichen ostpolnischen Familie stammende Petro Kryk (*1945, ernannt 2000,

Ikonostase (Ikonenen-Bildwand) vor dem Hauptaltarbereich der Kirche.

Detail der Ikonostase mit Darstellungen aus dem Neuen und Alten Testament.

Seite 119: Ukrainisch-katholische Bischofs- und Pfarrkirche Maria-Schutz und St. Andreas an der Schönstraße 55 (1976), Architekt: Erwin Schleich.

geweiht 2001). Es bestehen 14 Pfarreien mit 27 Priestern und insgesamt 52 Seelsorgestellen, die weitgehend in die römisch-katholische Kirchenorganisation integriert sind; der Exarch ist Mitglied der Deutschen Bischofskonferenz.

Der Ausbau der Exarchie erfolgte unter Julius Kardinal Döpfner (Erzbischof von München und Freising 1961 – 1976) mit Etablierung der Exarchats-Residenz samt Hauskapelle in der ehem. Zumbusch-Villa am Herzogpark (Schönbergstr. 9). Der ehemalige Atelier-Anbau wurde als Versammlungsraum für die ukrainisch-katholische Gemeinde genutzt. Es folgte der Bau der Bischofskirche Maria-Schutz und St. Andreas durch Erwin Schleich im Jahr 1976 in der Schönstraße 55 in Untergiesing auf einem Grundstück der Kirchenstiftung der dortigen Pfarrei St. Franziskus, welches das Erzbischöfliche Ordinariat München den Ukrainern übereignete. Um Planung und Gestaltung gab es längere Auseinandersetzungen, da von den Ukrainern zunächst eine traditionellere „heimatgebundene" Form mit mehreren Türmen gewünscht worden war. Schleich hatte als beauftragter Architekt sogar eine Studienreise in die Ukraine unternommen. Am Tag der Einweihung am Kirchweihsonntag (26.10.) 1976 durch den Exarchen Platon Kornyliak im Beisein des Münchner Regionalbischofs und Kapitularvikars Ernst Tewes – Kardinal Döpfner war nur ein Vierteljahr zuvor gestorben –, zahlreicher Ehrengäste und einer großen Zahl von Klerikern der Diaspora der ukrainisch-katholischen Kirche fand der Bau dann doch allgemein großen Beifall, zumal in der bildnerischen Innengestaltung noch zahlreiche ukrainische Motive Platz finden sollten. Dieses Gotteshaus (18 x 22 m), das den Altarraum mit einer Ikonostase (Bilderwand) vom Versammlungsraum der Gemeinde trennt, birgt auch Reliquien des Märtyrers Petro Werhun, der zusammen mit 20 weiteren Glaubenszeugen im Jahr 2001 von Papst Johannes Paul II. bei dessen Ukraine-Besuch seliggesprochen wurde. Sie ist zugleich Pfarrkirche mit Seelsorgezentrum für die unierten katholischen Ukrainer des byzantinischen Ritus in München.[8] Am Eingang befinden sich große Medaillons der Slavenapostel Wladimir und Olga. Nach den Reformen des 2. Vatikanums ist die Liturgiesprache ukrainisch. Mit ihren Trachten- und Volkstanzgruppen gehörten die katholischen Ukrainer seit Jahren zur Selbstdarstellung der katholischen Kirche Münchens bei Großereignissen.

Neben Pfarrer Viitovitch und seinem Kaplan sind dort auch zwei ukrainische Pfarrschwestern tätig. Viitovitch (*1968 in Lemberg) kam erst nach der Wiederzulassung der unierten ukrainisch-katholischen Kirche in seinem Heimatland auf schwierigen Wegen durch ein vom Augsburger (Erz-)Bischof Josef Stimpfle gestiftetes und vermitteltes Stipendium am Anfang der 90er-Jahre zum Theologiestudium nach Bayern und nach Heirat (1999) und Priesterweihe in Lemberg (2001) schließlich zum Einsatz in München, wo er schon als Student engen Kontakt zur ukrainischen Gemeinde in Untergiesing hatte. Im Jahr 2002 wurde er dort Kaplan, 2007 Pfarrer an der Bischofskirche, zu der rund 3.000 Personen gehören, neben Ukrainerinnen und Ukrainern auch etliche angeheiratete Deutsche. Zu den Sonn- und Feiertagsgottesdiensten kommen regelmäßig etwa 100 Personen. Daneben bietet das Pfarrzentrum Platz für die Kinder- und Jugendarbeit, für Vereine und kulturelle Aktivitäten. An Ostern quellen Kirche und Kirchengelände mit 500 bis 800 Menschen über, die aus ganz Süddeutschland anreisen. Zur katholischen Pfarrgemeinde St. Franziskus, aber auch zu den Templern an der Birkenleiten und zu einer Gastrecht genießenden melkitischen Gemeinde bestehen gute Kontakte. Mit letzteren beiden teilen die Ukrainer Formen ihrer religiösen Bildsprache und ostchristlicher Frömmigkeit. Politische Entwicklungen im Heimatland Ukraine und in der Diaspora befördern immer von neuem den Kontakt zu Arbeitsemigranten, Studentinnen und Studenten, Au-pair-Mädchen u. a. m.

Im Jahr 2008 wurde vor der Kathedrale ein Gedenkstein für die Opfer des Holodomors („Tötung durch Hunger") von 1932/33 enthüllt. Stalin instrumentalisierte Missernten und Hungerjahre zur Zwangskollektivierung durch Ausmerzung der ukrainischen Kulaken, der mehrere Millionen Menschen zum Opfer fielen.

1 1893 – 1993. Gartenbaugruppe Giesing-Perlach in München. 100 Jahre. Eigenverlag c/o Fritz Beck, Taufkirchen 1993. Texte: Adolf Hackenberg, Georg Mooseder, Karl Wießler. Seite 23
2 Reindl, Werner: 150 Jahre Gärtner-Verein München. München 2018
3 Westenthanner a.a.O. Seite 22f.
4 Archiconvent der Templer München. Dom fr. Augustinus Maria Joseph (V.i.S.d.P.), Birkenleiten 35, 81543 München (o.J.) – Die Schrift ist zwecks Dokumentation der Förderung der Photovoltaikanlage auf dem Klosterdach durch die Deutsche Bundestiftung Umwelt entstanden.
5 Christoph Hackelsberger. Das Templerschloß am Isarhang. Münchner Stadtanzeiger. Nr. 71 v.16.9.1980
6 Entnommen aus: Giesing – Bauern, Bach und Berg. Hrsg. von Heinz Haftmann, Willibald Karl und Alfons Scharf.München 2004, S. 65 ff.
7 Hubert Grundner: Die Templer von Untergiesing. Armut, Weltentsagung und Stillschweigen. Eine kleine Gemeinschaft erhält die Geschichte der Tempelritter. Ein Blick hinter die Mauern. Süddeutsche Zeitung 7. Dez. 2015
8 Die unierte Ukrainisch-griechisch-katholische Kirche (UGKK) zählt insgesamt ca. 6 Mio. Gläubige in insgesamt sieben Metropolen mit 29 Diözesen und Exarchaten, vier davon in der Ukraine mit Schwerpunkt in der Westukraine (4,5 Mio. Gläubige), je eine in Polen, den USA und Kanada mit insgesamt 1,5 Mio. Gläubigen in der Diaspora.

Bauverein,
Großdruckerei und
„Klein-Venedig"

Wohnungsmangel – der „Giesinger Bauverein"

Im ersten Jahrzehnt des 20. Jahrhunderts bahnte sich mit dem Bau der Volksschule am Agilolfingerplatz, der städtischen Kanalisation, dem Anschluss an das elektrifizierte Münchner Straßenbahnnetz samt der „ausmärkischen Linie" nach Grünwald (1910) und der Abtrennung eines Stadtbezirks Untergiesing-Harlaching (1909) die Entwicklung von Untergiesing zu einem eigenständigen Stadtviertel an. Treibsatz dafür war das enorme Bevölkerungswachstum, das die Einwohnerzahl Münchens zwischen 1850 und 1900 von 100.000 auf über eine halbe Million hatte anwachsen lassen. Es herrschte schon damals eine überaus große Wohnungsnot, insbesondere ein Mangel an preisgünstigen Kleinwohnungen für einkommensschwache Schichten. Was trotz des Stadterweiterungswettbewerbs von 1890 in vielen Neubaugebieten und neuen Stadtvierteln fehlte, war ein Mittelpunkt, der bisher unverbundenen Siedlungsteilen Zusammenhang und Struktur geben würde.

Im unteren Giesing sollte diese städtebauliche Leistung und die Errichtung einer eigenen Pfarrkirche der Giesinger Bauverein[1] erbringen. Dessen Gründung und Wirksamkeit wurde nachhaltig vom Klerus der Giesinger Stadtpfarrei Heilig Kreuz gefördert. Deren Kapläne und Katecheten waren namentlich in den neuen Schulen am Kolumbusplatz (ab 1896) und am Agilolfingerplatz (ab 1906) im Religionsunterricht regelmäßig in Untergiesing tätig. Sie kannten also aus täglicher Erfahrung die soziale Entwicklung des Stadtteils sehr gut. Bei ihnen ging die Reaktion auf die sozialen Bedürfnisse der Wohnbevölkerung und die seelsorgerischen Wünsche der Pfarrei Hand in Hand. Mit der Enzyklika „Rerum novarum" von Papst Leo XIII. (1891) hatten sie innerkirchlich eine autoritative Legitimation. So nimmt es nicht Wunder, dass sie – die Kapläne Jakob Wackerl und Joseph Freudenstein sowie der Katechet Viktor Keller – auch bei der Gründung der Genossenschaft „Giesinger Bauverein" im Jahr 1910 maßgeblich beteiligt waren und den Wunsch nach einer eigenen Pfarrkirche in Untergiesing von Beginn an einbrachten.

Gründung des Bauvereins – erste Bauaktivitäten

Mit zwei Versammlungen in der Obergiesinger Gaststätte „Zum Schweizerwirt" am 14. Juni und 2. Juli 1910 mit 14 bzw. 19 Personen wurde nach lebhafter Debatte der Giesinger Bauverein als Genossenschaft gegründet. Auf der zweiten Sitzung wurden ein Vorstand und ein Aufsichtsrat gewählt:

- 1. Vorstand: Anton Heckmeier, Gärtner
- 2. Vorstand und Kassier: Victor Keller, Katechet
- Aufsichtsrat:
  Johann Rauch, Eisendreher
  Johann Freudenstein, Kaplan (Heilig Kreuz)
  Hugo Scheuermeier, Ausgeher (Bote)
  Matthäus Hüttenkofer, Elektrotechniker
  Kunigunde Stumpf, Schulbadefrau
- Weitere Beteiligte: Peter Thalmeier, Taglöhner; Arnulf Rau, Elektrotechniker; Franz Kiefer, Kaufmann; Jakob Wackerl, Kaplan (ab 1921 Stadtpfarrer von Heilig Kreuz); F.H. Müller; N. Angermeier, Schreiner; N. Hornberger, Gasarbeiter.

Der Entwurf für zukünftige Genossenschafts-Statuten von Victor Keller wurde diskutiert und nach Kontrolle durch das Amtsgericht München von den Mitgliedern gebilligt und unterschrieben. Als Genossenschaftsbeitrag wurden 100 Goldmark festgesetzt, viel Geld für Arbeiter und „kleine Leute", aber ein Zeichen der Kreditwürdigkeit für Banken und andere Geldgeber. Die Versammlungen von Vorstand und Aufsichtsrat fanden im neuen „Loherwirt" am Giesinger Berg, Eingang Lohstraße, statt.

Der Streit um die Ausrichtung der Genossenschaft, den Erwerb von Baugrund und die Bauvergabe wurde zwischen den Exponenten Rauch und Keller in aller Heftigkeit ausgetragen und zog sich über das ganze Jahr 1911 bis in den Sommer 1912 hin. Seitens der Genossenschaft versuchte man ihn „unter der Decke zu halten", um ihre Kreditwürdigkeit nicht zu gefährden. Schließlich musste man statt des preisgünstigen Angebots der Baufirma Lehmpuhl (ca. 80.000 qm an der Candid- und Konradinstraße) der Stadt München den wesentlich teureren Baugrund zwischen Gerhard-, Teutoburger Straße und Agilolfinger Platz abkaufen, da man wegen der Hypothekengewährung von ihr abhängig war. Nachdem die Darlehenszusage von einigen Banken zurückgezogen worden war, konnte man die Landesversicherungsanstalt von Oberbayern zur Übernahme einer ersten Hypothek von 600.000 Mark gewinnen und durch Deponierung von 15.000 Mark in bar bei der Stadtkasse die Übernahme einer zweiten Hypothek in Höhe von 393.400 Mark durch die Landeskulturrentenanstalt erreichen. Die Stadt sicherte sich dabei die Mitsprache bei der Miethöhe und im Aufsichtsrat. Ein weiterer Baustein war eine Zuwendung der Hackerbrauerei von 50.000 Mark für zwei Baukantinen mit Schankrecht. Der Bau war an die Firma Heilmann & Littmann vergeben worden, und am 19. Juli 1912 konnten als erste die Häuser Teutoburger Straße 5 und 6 und die Gaststätte in der Erhardstraße 4 übernommen werden; der Rest des Blocks der „Wohnanlage 1" folgte im September. Ein Verwaltungsbüro wurde im Haus Gerhardstraße 2 eingerichtet, wo es auch den einzigen Telefonanschluss gab, der von Genossen auch privat gegen die Gebühr von 5 Pfennig genutzt werden durfte. Die umfangreichen Verwaltungsarbeiten wurden nebenberuflich von den Genossenschaftsvorständen übernommen. Eine im Januar 1913 gebildete „Wohnungskommission" entschied über die Vergabe, löste praktische Fragen und schlichtete Konflikte. Eine wichtige Frage war die Festsetzung der Mieten:

„Die Größe der Wohnungen lag je nach Anzahl der Zimmer zwischen 30 und 80 Quadratmeter. Die Miete für eine Wohnung wurde nicht über die Quadratmeter, sondern über die Zimmerzahl festgelegt. Für die Zimmer im Parterre und im Dachgeschoss sollten zehn Mark Miete gezahlt werden, für Zimmer im dritten Stock zehn Mark fünfzig und für Zimmer im ersten und zweiten Stock elf Mark. Eine Kammer kostete sechs Mark und eine Küche zwischen sechs und zehn Mark. Eine Loggia bekam man für zwei Mark, einen Balkon oder Erker für eine Mark. Gartenanteile wurden für 10 Pfennig pro Quadratmeter vermietet, ein Quadratmeter im Vorgarten war bereits für fünf Pfennige zu haben. […] Für alle Genossen sollten die Wohnungen unkündbar sein, solange sie sich an die Hausordnung und an den Mietvertrag hielten."[2]

Der Bauverein Giesing startete mit großem Erfolg, da die kleinen preisgünstigen Wohnungen schnell Mieter und die eingeplanten Einzelhandelsgeschäfte ihre Pächter fanden. Gegenüber den Herbergen in der Lohe und Falkenau, den Kleinhäusern in der Feldmüllersiedlung und in der Birkenau, an der Freibad- und Mondstraße war hier eine neue Wohnqualität geboten. Andererseits lag die „Wohnanlage 1" noch wie eine Insel in unbebauter Landschaft, was den Bauverein veranlasste, schon 1913 mit der Planung eines neuen Bauprojekts zu beginnen.

BAUVEREIN, GROSSDRUCKEREI UND „KLEIN-VENEDIG"

Zwangspause durch Weltkrieg und Inflation

Die Pläne für eine „Wohnanlage 2" waren schon genehmigt, als der Beginn des Ersten Weltkriegs im August 1914 das Vorhaben finanziell erlahmen ließ. Der Bauverein hatte jetzt andere Sorgen: „Kriegerfamilien" gerieten in Mietrückstand, wenn durch den Ausfall des „Hauptenährers" der Mietzins nicht mehr erbracht werden konnte oder Wohnungsleerstand bei Wegzug von „Restfamilien" zur Herkunftsfamilie aufs Land die Schuldenlast vergrößerte. Sie belief sich im Jahr 1915 bereits auf über 13.500 Mark; dazu kamen rund 3.300 Mietrückstände und Mietnachlass von etwa 4.500 Mark. 20 Genossen musste im Jahr 1916 gekündigt werden. Nur der tüchtigen Geschäftsführung war der Zusammenhalt der Genossenschaft nach dem Niedergang des Baugewerbes zu danken, in welchem viele Untergiesinger beschäftigt gewesen waren. Der Umstellung auf die Kriegswirtschaft konnte mit neuen Initiativen Abhilfe geschaffen werden: Für Zuzügler u. a. der Rüstungsindustrie entstanden noch 1918 durch Ausbau der Dachgeschosse in der Wohnanlage 1 Einfachwohnungen. So war der Giesinger Bauverein relativ gut durch den Ersten Weltkrieg gekommen; ja, der Kirchenbauverein konnte sogar – nicht ohne Widerspruch – daran gehen, die geplante Pfarrei und eine Notkirche zu errichten. An weitere Bauaktivitäten war wegen des Währungsverfalls, der 1920 bereits eingesetzt hatte, nicht mehr zu denken.

Ab 1924: Giesinger Bauverein und öffentliche Hand

Mit der Währungsstabilisierung durch die Rentenmark 1924 konnten die früheren Planungen wieder aufgenommen werden. In den Folgejahren wurde die Wohnanlage 2 mit der anspruchsvollen Häuserfront der Hans-Mielich-Straße, ihren Läden und der Gaststätte „Franziskusheim" – nach Einspruch der Brauerei umbenannt in „Hans-

Gebäudezeile des Giesinger Bauvereins Hans-Mielich-Straße, im Hintergrund die St. Franziskus-Kirche (1928).

Mielich" – erstellt. Daran fügte sich als Höhepunkt und neues Zentrum von Untergiesing der Kirchenbau von St. Franziskus mit seiner aufwändigen Doppelturmfassade nach Plänen von Richard Steidle (1926) samt Pfarrhof an.

Diese Bauphase ist geprägt durch den umfassenden Einstieg öffentlicher Geldgeber in den genossenschaftlichen Wohnungsbau durch Großkredite. Konsequenz war aber auch die Vergabe der Mietverträge durch das städtische Wohnungsamt und später der Ausschluss von gewerblichen Eigenbetrieben des Bauvereins. Sein Immobilienbestand hatte mittlerweile einen Wert von 3,8 Millionen Mark. Durch Bankenkrach und Weltwirtschaftskrise ab 1929 und der damit verbundenen Kündigung der großen Auslandskredite reduzierten sich seine Aktivitäten zusehends auf Ergänzungs- und Reparaturvorhaben.

Eingriffe in NS-Zeit und Zweitem Weltkrieg

Die ideologische Ausrichtung des Wohnungsbaus in der NS-Zeit schuf große Veränderungen. An die Stelle des Geschosswohnungsbaus sollte das Siedlungshaus treten: Reichskleinsiedlungen, „Frontkämpfer-Siedlung", „Mustersiedlung Ramersdorf". Dennoch blieben die Planung und Realisierung von Großsiedlungen wie der Siedlung am Walchenseeplatz oder der Großsiedlung auf dem Gelände der ehemaligen Lederfabrik bestehen. Vorerst versuchte die NSDAP stärker in den Genossenschaften Fuß zu fassen, so mit der Abwahl von Viktor Keller – nach über 25-jähriger Vorstandsarbeit – durch die NS-Parteigenossen Josef Hafenbrädl, Franz Weiß und Josef Knoll. Letzterer war auch Untergiesinger Ortsgruppenleiter und etablierte die Hitlerjugend mit Heimabenden und Stadtteilmärschen beim Bauverein, bis man ihn nach internen Querelen dort durch den „unpolitischen" Leonhard Kistler ersetzte. Knoll hatte nach dem Pogrom in der Nacht vom 9. auf den 10. November 1938 noch den Ausschluss von Juden aus dem Bauverein durchgesetzt, dort aber gab es bereits eine andere „Konfliktlinie": Wegen des geplanten umfassenden Umbaus der „Hauptstadt der Bewegung" sollte die Bahntrasse zwischen Laim und Haidhausen über die „Braunauer Eisenbahnbrücke" von zwei auf sechs Gleise verbreitert werden: „Daher sollte im Sommer 1939 auch die Wohnanlage des Bauvereins in der Teutoburger Straße/Gerhardstraße abgerissen werden. Zuvor mussten aber die 117 Wohnungen geräumt werden. Im Juni verschickte daher der Vorstand des Bauvereins ein Kündigungsschreiben an die betroffenen Bewohner, das sie über die Zwangsentmietung und über die möglichen Ersatzwohnungen informierte. Etwa 40 Parteien des Bauvereins weigerten sich allerdings, ihre vertraute Umgebung zu verlassen und ließen es auf eine Zwangsräumung ankommen. Die anderen

Altes Wannen- und Brausebad an der Pilgersheimer Straße 13 (erbaut 1905, abgerissen 1938).

Wohnungen wurden im Zeitraum zwischen Juni bis Dezember 1939 geräumt. Weitere 80 Wohnungen wurden bis Dezember 1939 zwangsweise entmietet. Doch dann teilte die Eisenbahnbaudirektion überraschend mit, dass der geplante Abbruch auf ungewisse Zeit zurückgestellt werden würde, woraufhin die geräumten Wohnungen zur Wiedervermietung freigegeben wurden."[3] Ein Teil derselben wurde nach dem „Hitler-Mussolini-Deal" an Südtiroler

Familien vergeben, die über den Weltkrieg hinweg, der ja mittlerweile begonnen hatte, in diesen verblieben. Zum Opfer fiel dem Unterfangen allerdings das „Giesinger Tröpferlbad", das 1905/06 erbaute Städtische Wannen- und Brausebad an der Pilgersheimer Straße 13 durch Abbruch. Einen weiteren Einschnitt für den Bauverein brachte die durch das Reichsarbeitsministerium angeordnete „Verschmelzung" von Wohnungsbauunternehmen durch das „Wohnungsgemeinnützigkeitsgesetz" vom 29.2.1940. Mit Wirkung vom 10.6.1941 wurde die 1911 in Giesing gegründete Straßenbahnerbaugenossenschaft mit dem Bauverein Giesing fusioniert; dazu kam am 1.9.1943 noch der „Bauverein zur Beschaffung von Mittelstandswohnungen". Die Tätigkeit beider, ihr Grundstücks- und Wohnungseigentum, lag im nördlichen Obergiesing.

Das britische Flächenbombardement traf ab Herbst 1943 die Wohnquartiere im Bereich der Eisenbahntrasse massiv. Am stärksten betroffen waren die Häuser, die man von der Straßenbahnerbaugenossenschaft in der Aignerstraße übernommen hatte. Bei Kriegsende belief sich die Zahl der zerstörten Häuser des Giesinger Bauvereins auf zwölf, die der zerstörten Wohnungen auf 197. Gleich nach Kriegsende wurden von der seitens der US-Militärverwaltung eingesetzten städtischen Behörde Vorstand und Aufsichtsrat neu besetzt. Der bisherige Vorstand Leonhard Kistler wurde zum kommissarischen Geschäftsführer ernannt. An die Spitze des Aufsichtsrats, der 1946 neu gewählt wurde, kehrte vorübergehend bis 1947 der Pfarrer Victor Keller zurück.

Wiederaufbau und Wirtschaftswunder

Der Rückstrom der Evakuierten, der heimkehrenden Soldaten, die „displaced persons", Flüchtlinge und Heimatvertriebenen stellten das zerbombte München vor eine schwere Belastungsprobe. Es dauerte mehr als zehn Jahre, bis die gröbsten Zerstörungen und Lücken in der Bebauung behoben werden konnten. Beim Giesinger Bauverein zählten dazu die Gebäude in der Aignerstraße in Obergiesing und die total zerstörten Anwesen Agilolfingerstraße 9 und 11 sowie Agilolfingerplatz 2. Bei knapper werdendem Bauland konzentrierte sich die Neubautätigkeit auf Obergiesing, wo im „Oberfeld" zwischen Ostfriedhof und Walchensee-Siedlung Gärtnereiland in Bauland übergeführt wurde. Dort entwickelten sich die Wohnanlagen 3, 4 und 5, während die ursprünglichen Wohnanlagen 1 und 2 (WA 1 und 2) in Untergiesing nur noch mäßige Erweiterungen erfuhren: WA 1 durch den modernen Block Kühbachstraße 12, 16 und 18; WA 2 mit Arminiusstraße 4 und 6 und Thusneldastraße 2. Ab den 70er-Jahren setzte dagegen in allen Anlagen die Sanierung und Modernisierung ein, letztlich durch Gründung einer Service-GmbH im Jahr 2000, wodurch moderne Wohnstandards ermöglicht werden sollten.

Untergiesing wird Pfarrei – St. Franziskus

Bereits am 11. Februar 1913 erfolgte durch den Geistlichen Rat Josef Wagner, den Stadtpfarrer von Heilig Kreuz, die Gründung eines Kirchenbauvereins für Untergiesing. Durch den Ersten Weltkrieg (1914–18) unterbrochen, konnten die Bemühungen aber schon 1919 durch den tatkräftigen Katecheten und Bauvereins-Aktivisten Victor Keller mit dem Erwerb einer Baracke aus dem Kriegsgefangenenlager Puchheim wieder aufgenommen werden. Diese wurde nach Plänen des Architekten Franz X. Boemmel zu

Unter den Stadtpfarrern Josef Wagner (links) und Jakob Wackerl (rechts) fand die Loslösung des neuen Pfarrsprengels Untergiesing /St. Franziskus von der Mutterpfarrei Heilig Kreuz statt.

Baracken-Notkirche St. Franziskus vor der Einweihung am 8. 2. 1920 Erstkommunion-Kinder und Gäste.

einer einfachen Notkirche umgebaut, auf dem Grundstück Hans-Mielich-Straße 4 errichtet und am 8.2.1920 von Erzbischof Michael Kardinal von Faulhaber unter dem Namen des Heiligen Franziskus, dem Patron freiwilliger Armut, eingeweiht. Hand in Hand damit ging am 15.03.1920 die Ausgrenzung eines neuen Seelsorgebezirks. Dieser reichte vom Auer Mühlbach im Osten zum Tierpark Hellabrunn im Süden, zur Isar im Westen und zum Schyrenbad und der Wittelsbacher Brücke im Norden. Sie wurde Thomas Stadler, damals Katechet – auch Benefiziat der Münchner Frauenkirche –, als Kuratie anvertraut und vor Weihnachten 1921 zur Pfarrkuratie erhoben. Kirchenrechtlich zur Pfarrei erhoben wurde St. Franziskus am 22.02.1922; im März und April erfolgte die Ernennung von Pfarrkurat Stadler zum 1. Pfarrer und seine Amtseinführung.

Infolge der großen Inflation nahm die Errichtung der Pfarrkirche noch einige Jahre in Anspruch. Durch die Großspende eines amerikanischen Pfarrers (Dekan Karl Reichlin) war schon 1922 die Kaufsumme für einen Bauplatz gesichert, der von den Brüdern Dr. Otto und Ludwig Kahn Ecke Hans-Mielich-/Konradinstraße erworben werden konnte. Im Jahr 1924 fertigte der Architekt Richard Steidle Entwürfe für eine zweitürmige neubarocke Kirche, deren Rohbau im Folgejahr – nach dem ersten Spatenstich am 6. April und feierlicher Grundsteinlegung am 10. Mai – zügig den Sommer über bis zur „Hebauf-Feier" am 29. September fertiggestellt wurde. Am 30.11.1925 brachte man das von der Untergiesinger Familie Herrlich gestiftete Kreuz am Südturm an. Den Winter über wurde das hölzerne Tonnengewölbe eingezogen und schließlich 1926 der Nordturm fertiggestellt. So konnte die neue Pfarrkirche am 3. Oktober, dem 700. Todestag des heiligen Franz von Assisi, von Kardinal Faulhaber und Weihbischof Buchberger eingeweiht werden.

„Vom Standpunkt der Kunst aus wäre es allerdings begrüßenswerter gewesen, einen mehr modernen Kirchenbaustil zu versuchen; es hatten aber die auftraggebenden Stellen zu wenig Vertrauen auf den neuen Kirchenbaustil,

BAUVEREIN, GROSSDRUCKEREI UND „KLEIN-VENEDIG"

St. Franziskus mit stattlicher Doppelturm-Fassade und Pfarrhof (Zeichnung).

dessen Anfänge freilich noch sehr jung sind, hatten auch zu wenig Mittel zum Experimentieren. […] Besondere Beachtung verdient der nach amerikanischem Muster unterhalb des Chores eingebaute Saalraum für nebenkirchliche Zwecke (Unterkirche). Gleichzeitig mit der Kirche war auch die Sakristei mit vielen Nebenräumen, südlich dem Chore, angebaut worden. Zuletzt wurde das Pfarrhaus vollendet, welches an dem Südturm unmittelbar angebaut ist; es konnte am 18. Dezember 1926 bezogen werden."[4]

Wohl aufgrund der guten Kontakte zur Münchner Frauenkirche – der erste Pfarrer von St. Franziskus, Thomas Stadler, war einer ihrer „Benefiziaten" – erhielt man in Untergiesing als Dauerleihgabe eine „Verkündigung" (1646) von Joachim von Sandrart. Auch ein Lazarusbild des Rembrandtschülers Jacob de Wet, ein Tabernakel aus der Werkstatt des Ignaz Günther, eine Johannes- und eine Elisabethfigur, die Johann B. Straub zugeschrieben wurden sowie das Franziskus-Hochaltarbild von Xaver Dietrich gehörten zur hochwertigen Innenausstattung der Kirche. Im Zweiten Weltkrieg wurde sie bei einem Fliegerangriff am 7.9.1943 ebenso ein Raub der Flammen wie Kreuzweg, Kommunionbank, Kanzel, Orgel und der hölzerne Dachstuhl. Die Kirche war bis auf die Außenmauern zerstört, auch die Türme schwer beschädigt. Der damalige Stadtpfarrer Peter Kottermair (1935–43) starb bald darauf. Sein Nachfolger auf dem Trümmerhaufen in Untergiesing wurde 1944 Heinrich Sperr (1909–1964), der schon seit zehn Jahren priesterliche Funktionen im Dekanat München-Südost wahrgenommen hatte. Er klagte noch lange über diesen Zustand. Sein „Kriegs- und Einmarschbericht", den er erst im Mai 1946 verfasste, fiel eher pauschal aus: „Die genannte Pfarrei gehört zu den durch Luftangriffe stark heimgesuchten Münchens. Die Kirche ist als erste der Münchner Pfarreien vollkommen ausgebrannt, der Pfarrhof zweimal als Totalschaden erklärt, die Häuser der Pfarrei zu einem kleineren Teil vollkommen vernichtet, zu einem größeren stark beschädigt. Der letzte Großangriff, welcher in Untergiesing noch erheblichen Schaden anrichtete, war am 7. Januar 1945. Im Gegensatz zu den schweren Heimsuchungen während des Krieges hat Untergiesing beim Einmarsch der Amerikaner sehr wenig vom Kriegsgeschehen zu verspüren bekommen. Während der ersten acht Tage war hier weder ein amerikanisches Auto noch ein amerika-

Kirchenruine St. Franziskus – total ausgeräumtes Kirchenschiff.

nischer Panzer zu sehen. Was den Verkehr der deutschen Mädchen mit den Amerikanern anbelangt, bot und bietet Untergiesing das übliche Bild einer Großstadt."⁵ Wieder musste ab 1945 eine Baracke als Notkirche für die Gottesdienste herhalten. Erst nach vier Jahren – am Palmsonntag 1949 – konnte die Franziskus-Gemeinde wieder in die notdürftig hergestellte Pfarrkirche einziehen. Zwei Jahre später bekam St. Franziskus anstelle der zerstörten Gewölbedecke aus Kostengründen eine flache Kassettendecke und in den erneuerten Türmen vier neue Glocken (8.4.1951); die große Franziskus-Glocke wurde erst 1953 geweiht. Der Großteil der figuralen Neuausstattung der Folgejahre stammt wie das „Triumphkreuz des Gekreuzigten" für den Hauptaltar von dem Bildhauer Hermann Rösner. Die Holzstatue des heiligen Franziskus links vom Torbogen fertigte der Südtiroler Vinzenz Mussner aus St. Ulrich im Grödnertal 1951 aus dem Holz einer Edelkastanie. Für Vorhalle und Unterkirche wurden in dieser Zeit historische Kunstwerke unterschiedlicher Herkunft erworben. Der von Erwin Schleich entworfene Orgelprospekt (1951) barg eine Carl-

BAUVEREIN, GROSSDRUCKEREI UND „KLEIN-VENEDIG"

Schuster-Orgel, die im Jahr 1997 durch ein Werk der I.L. van den Heuvel Orgelbouw ersetzt wurde.

Die zweite Hälfte des 20. Jahrhunderts ist geprägt von der fast 35-jährigen Amtszeit des Geistlichen Rats Johann Warmedinger als Pfarrer (1965 – 1999). Im Jahr 1966 wurde erstmals ein Pfarrgemeinderat bestellt, der ab 1968 turnusmäßig von der Pfarrgemeinde gewählt wird. In dieser Zeit musste auch die Liturgiereform des 2. Vatikanischen Konzils gestalterisch umgesetzt werden. Schon bei der Gestaltung der Taufkapelle mit dem kelchförmigen Taufstein war 1968 der Bildhauer Michael Veit tätig. Ihm übertrug man 15 Jahre später die Gestaltung des Unterbaus des „Volksaltars" aus Bronze – bei Erhaltung der alten Altarsteinplatte –, ferner von Tabernakel und Lesepult (Ambo). Bei dieser Kirchenrenovierung (1981 – 83) wurde der Altarraum von einem mächtigen Mosaik aus 30.000 verschiedenfarbigen Natursteinen hinterfangen. Georg Poschner von der Mayer'schen Hofkunstanstalt setzte den theologischen Entwurf („Glaubensbekenntnis – Trinität") von Bruder Benedict Schmidt OSFS um.

Bei der Erneuerung des Kupferdachs am Glockenturm (um 2010) wurden eine vergoldete Kugel und ein Kreuz auf das Kirchendach gesetzt. Jüngst konnte die Renovierung des neuen Werks (1997) der niederländischen Orgelbaufirma van den Heuvel abgeschlossen werden, womit das umfangreiche kirchenmusikalische Engagement der Pfarrgemeinde neuen Auftrieb erhält. Der Kindergarten und das Altenheim, Institutionen aus der Gründungszeit, sind

Das mächtige Mosaik von 1981 (Br. Benedict Schmidt/Georg Poschner, Hofkunstanstalt) nimmt die gesamte Wandfläche hinter dem Hochaltar – darüber das Triumphkreuz von Vinzenz Mussner von 1951 – ein.

mittlerweile in die Trägerschaft der Stadt München bzw. des Caritasverbands übergegangen.

In einer Konche (kapellenartige Nische) im hinteren Kirchenbereich wird das „Giesinger Jugendkreuz" aufbewahrt, das jährlich seine Rolle in der Münchner und Giesinger Fronleichnamsprozession spielt, um das sich aber auch viele Geschichten der „Bekenntniszeit" (NS-Zeit 1933 – 1945) ranken, wie überhaupt die Verbindung zur „Mutterpfarrei" Heilig Kreuz in Obergiesing verschiedentlich aufscheint.[6]

Seit 2015 ist St. Franziskus mit der Nachbargemeinde Mariahilf im Pfarrverband Untergiesing-Au zusammengeschlossen; die Pfarrgrenze verläuft durch die Humboldtstraße, deren Nordseite zur Au, die Südseite zu Untergiesing gehört.

Heute bildet St. Franziskus mit dem Pfarrhof und der stattlichen Gebäudezeile des Bauvereins an der Hans-Mielich-Straße und dem aufgewerteten Hans-Mielich-Quartierplatz samt Maibaum das ansehnliche Stadtteilzentrum von Untergiesing.

1   100 Jahre Bauverein Giesing. München 2010. Jubiläumsschrift. August Dreesbach Verlag.
2   100 Jahre Bauverein Giesing. a.a.O. Seite 24 f.
3   100 Jahre Bauverein Giesing. a.a.O. Seite 60 f.
4   Markus Westenthanner: Die Giesinger Pfarrei zum Hl. Kreuz in Geschichte und Gegenwart. München 1927, S. 29. Der Autor war seit 1926 dort Kaplan.
5   Peter Pfister (Hrsg.): Das Ende des Zweiten Weltkriegs im Erzbistum München und Freising. Kriegs- und Einmarschberichte, Regensburg 2005, Teil 1, Seite 3
6   Thomas Guttmann, Kirchenkampf in Giesing. In: Thomas Guttmann (Hg.), Unter den Dächern von Giesing. Politik und Alltag 1918 – 1945. München 1993

Hauptaltar-Retabel von St. Franziskus (Michael Veit, 1983).

Glanz und Ende der Großdruckerei Thiemig[1]

Die „Karl Thiemig KG. Graphische Kunstanstalt und Buchdruckerei" ist im Januar 1951 von Karl Thiemig (1892 – 1965), dem vormaligen Direktor des Münchner Bruckmann-Verlags, gegründet worden. Während man dort noch auf Bogendruck setzte, wollte Thiemig zum Rotations-Tiefdruck wechseln. Die auf der ersten Fachmesse der Nachkriegszeit georderte Maschine stellte er in gemieteten Räumen der Firma Mandruck in der Theresienstraße 75 auf und begann im Juni 1951 mit der Produktion. Auf der Basis vorhandener Kundenkontakte konnte Thiemig die „Ford-Revue", die Monatszeitschrift der Fordwerke, von Bruckmann abwerben und mit der ADAC-Mitgliederzeitschrift „Motorwelt" bald ein weiteres wachsendes Periodikum hinzugewinnen. Zu diesen Daueraufträgen kam die Lohndruckerei der „Akzidentien", dies alles zu Beginn einer Hochkonjunktur, der man später die Bezeichnung „Wirtschaftswunder" geben sollte. Das außerordentliche Wachstum machte den Erwerb eines 13.000 Quadratmeter großen Baugeländes in Untergiesing an der Pilgersheimer Straße mit dem großen Eckgrundstück zur Kühbachstraße möglich. Dort konnte unter der Adresse Pilgersheimer Straße 38 ein eigenes Betriebsgebäude für Verwaltung und Technik sowie eine eigene Druckhalle bereits im Jahr 1956 errichtet werden. Nach dem Umzug gab es schon 450 Beschäftigte. Die vier Tiefdruckmaschinen vom Typ „Göbel Regina" mit einer Druckbreite von ca. 86 cm rotierten hier Tag und Nacht. Damals gab es im Betrieb auch noch eine komplett ausgestattete Buchdruckerei. Als patriarchalische Führungsperson hatte Karl Thiemig eine hierarchische Struktur der Betriebsführung weitgehend vom Bruckmann-Verlag – teilweise sogar die Personen selbst – übernommen, mit Hauptabteilungsleitern, die als Betriebsingenieure galten, deren Stellvertretern, Saalmeistern, Gruppen- und Schichtführern. Schon 1962 musste in der Kühbachstraße ein dreistöckiger Anbau mit einer weiteren Tiefdruckhalle in Betrieb genommen werden: Thiemig war in die Produktion von Versandhauskatalogen eingestiegen. Wichtigster Partner war der Otto-Versand aus Hamburg. Dies bedeutete jeweils für den Frühjahrs- und Herbstkatalog, also zweimal jährlich für je drei Monate, eine Spitzenauslastung mit Thiemig als Generalunternehmer: Alle übrigen beteiligten Firmen mussten über Thiemig abrechnen, der auch die Großhandelsrabatte, z. B. für Papier und Farbe usw., einstrich. So liefen dort bereits acht Tiefdruck-Rotations-Maschinen vom Typ Göbel, und die Zahl der Mitarbeiter hatte die Tausender-Marke bereits weit überschritten.

Im gleichen Jahr, zum 70. Geburtstag von Karl Thiemig, stand im Mitteilungsblatt der Industrie- und Handelskammer München über seine Firma zu lesen, dass „deren technischer Betrieb heute zu den größten und modernsten Druckereien und graphischen Kunstanstalten Europas zählt."[2] Hier erscheine auch mit der „Atomkernenergie" die erste deutsche wissenschaftliche Zeitschrift für Kernphysik und – seit 1959 – mit der Zeitschrift „Kerntechnik" das erste Fachorgan für die berufliche Fortbildung aller Kerntechnik-Ingenieure. Es war die Zeit, in der in Garching bei München der erste Forschungsreaktor, das „Atom-Ei" gebaut wurde.

1965 starb der Firmenchef und das Nachrücken seines Sohnes Günter in die Firmenleitung brachte wenig Innovation. Man hielt am Hergebrachten fest, was die notwendigen Modernisierungen sowohl in der Drucktechnik wie in der Betriebsführung verhinderte. Ein zweiter, wohl verhängnisvoller Fehler war die zu geringe Kapitalausstattung des Unternehmens bei der Umwandlung in eine Aktiengesellschaft im Jahr 1972. Damit sollte das Haftungsrisiko mit Privatvermögen – die Witwe des Firmengründers war nach wie vor Teilhaberin – ausgeschlossen werden; zugleich wurde die wirtschaftliche Handlungsfähigkeit der Firma mit über 1.200 Beschäftigten aber eingeschränkt. Dies sollte sich in einer Zeit hohen Investitionsbedarfs und vermehrten Konkurrenzdrucks verheerend auswirken. Letzterer war vor allem dadurch entstanden, dass die großen Verlagsdruckereien Bertelsmann, Springer, Burda und Bauer ihre Tiefdruck-Kapazitäten ständig erweitert hatten und über die eigenen Verlagsprodukte hinaus auf den Akzidenzmarkt drückten und außerdem der Offset-Druck eine immer größere Rolle zu spielen begann. Als es – spät genug – im Jahr 1978 mit Einverständnis aller Verantwortlichen in der Firma so weit schien, dass Thiemig auf eine Tiefdruckrotationsmaschine TR 4 mit 160 cm Druckbreite umsteigen wolle, ließ Günter Thiemig den Vorvertrag mit dem Maschinenhersteller eigenmächtig platzen und kaufte „im Alleingang" wieder eine herkömmliche „Schmalspur"-Rotationsmaschine vom Typ „Göbel Regent". Da hatte man den wichtigen Kunden ADAC mit seinem Periodikum „Motorwelt" bereits an den Axel-Springer-Verlag verloren. Dies hätte allen den Ernst der Lage im Konkurrenzkampf um die Tiefdruck-Kapazitäten signalisieren und entsprechende Konsequenzen haben müssen. Als sich Thiemig endlich nach der Fehlinvestition von 1978 zur technischen Modernisierung entschlossen hatte, brach im Folgejahr der Großauftrag für den Otto-Versand-Katalog weg, und Thiemig hatte 1980 einen Umsatzrückgang von über 50 Mio. DM (38 %) zu verzeichnen. Schon bisher hatte man firmenintern versucht, Einbußen mit Überstunden, Sonderschichten und Entlassungen auszugleichen. Der Stand der Beschäftigten war bereits auf unter 1.000 gefallen.

Ehemaliges Firmengebäude der Firma Thiemig an der Kühbachstraße mit Laderampe im Hof.

Ende 1981 zog die „Hausbank" der Firma, die Bayerische Hypotheken- und Wechselbank, die bereits alle Grundschulden auf Immobilien der Aktiengesellschaft besaß, die Reißleine und machte weitere Kreditgewährungen von grundsätzlichen Änderungen bei Thiemig abhängig: Von 936 Arbeitnehmern sollten nur 850 bleiben. Günter Thiemig drückte das schlicht so aus: „Wir müssen 50 – 60 Leute loswerden, damit wir die Zinsen zahlen können." Keine vier Wochen später musste er in der Aufsichtsratssitzung vom 21.1.1982 seine Handlungsunfähigkeit bekennen. Ihm war von der Hypobank angetragen worden, eine Sanierungsgesellschaft zu bestellen, die „eine Umorganisation des Betriebs vornehmen" werde. Dafür hatte man das „Frankfurter Institut" für Management GmbH (FI) Unternehmensberatung (BDU – Bund Deutscher Unternehmer) in Vorschlag gebracht, ja gleichsam durch den Hypo-Vertreter im Thiemig-Aufsichtsrat, Mühlbauer, zur Auflage gemacht, was später durch andere Vertreter der Hypobank abgestritten wurde. Günter Thiemig selbst wurde in der Unternehmensleitung kurzfristig durch den FI-Mann Dr. Jörn F. Voigt ersetzt, fügte sich dem Begehren und wechselte in den Aufsichtsrat. Die technische Betriebsleitung wurde von dem FI-Mitarbeiter Paul-Josef Barb übernommen, dem im August 1983 von Voigt auch das Rechnungswesen und der Zahlungsverkehr übertragen worden sein soll. Davon hatte FI-Leiter Kübel, der immer wieder involviert war, dringend abgeraten. Alle Aktivitäten der mit hohen Honoraren eingesetzten Sanierungsfirma FI und ihrer Vertreter führten zu keinem für die Thiemig AG positiven Ergebnis. Letztendlich wurde der Vertrag sogar rückwirkend zum 30.9.1984 aufgelöst. Maßgebend dafür waren Anschuldigungen an die FI wegen anderer „Sanierungsfälle". Trotz – oder wegen – diverser Manipulationen der FI-Sanierer an der Firmenstruktur von Thiemig glitt die AG immer stärker in die Insolvenz, letztlich durch kriminelle Machenschaften des Sanierers Barb, der wegen Einbehaltung von Steuerschulden und Sozialversicherungsbeiträgen noch Ende 1985 beurlaubt, dann fristlos entlassen wurde – und verschwand. Alle Versuche, neue Gesellschafter, neue Banken als Kreditgeber oder die Stadt München und den Freistaat Bayern als Garanten für immerhin noch rund 700 Arbeitsplätze zu gewinnen, scheiterten, weil die Hypobank nicht bereit war, vorhandene Sicherheiten, die durch Grundbucheintragungen in Höhe von 50 – 70 Mio. DM zu ihren Gunsten gegeben waren, mit anderen Kreditgebern zu teilen. So setzte sich Ende Februar 1986 auch der Firmenleiter Dr. Jörn F. Voigt mit einem Schreiben förmlich ab. Da kein Vergleich mehr möglich schien, konnte nur mit Mühe und Not ein Konkursverfahren eingeleitet werden, an dessen Ende der Verlust von 700 Arbeitsplätzen und die Auflösung der Thiemig AG standen. Trotz der harten Auseinandersetzungen zwischen Betriebsrat, IG Druck und Papier, FI-Sanierern und Hypobank – Günter Thiemig spielte offensichtlich keine große Rolle mehr –, blieb vor Gericht etwas stehen:

„In einem Bericht an das Ministerium, der vor Gericht verlesen wurde, gab das Finanzamt eine nüchterne Lagebeschreibung: Die Kredite der Hypobank an Thiemig seien ‚voll gesichert durch Grundstücke.' Den Zahlungsengpass führte die Behörde vor allem darauf zurück, dass rund 30 Prozent der Schulden der Firma in Form von Überziehungskrediten bestanden. Diese Verschuldung sei besonders teuer. Außerdem kam das Finanzamt zu dem Ergebnis: ‚Nach den Gesamtumständen kann nicht ausgeschlossen werden, dass die Sanierung nicht das gewollte Ziel der Hypobank und des Frankfurter Instituts war.'"[3]

Der Immobilienbesitz der Thiemig AG verblieb dem Hauptgläubiger, der Hypobank. Günter Thiemig (†1991) selbst hatte für sich privat rechtzeitig zwei Häuser im Zentrum von Nördlingen erworben und im ehemaligen Weilbachhaus eine nach ihm benannte Galerie mit gerahmten Kunstdrucken eingerichtet.

Peter Wagner (*1940) – 25 Jahre bei Thiemig

Herr Wagner, wann kamen Sie zu Thiemig?
Nach dem Abitur am Wilhelmsgymnasium, im August 1961 habe ich dort in der Pilgersheimer Straße eine Lehre als Schriftsetzer begonnen.

Wie viele Auszubildende/Lehrlinge hatte die Firma damals?
Im ersten Lehrjahr waren wir zu fünft. Da kamen dann die vom zweiten dazu […] Als Abiturient hatte ich ja verkürzte Lehrzeit auf zwei Jahre.

Wie sah dann so der Arbeitstag in der Lehrzeit aus?
In der Früh – Beginn war 7.00 Uhr – hieß es erst einmal die Werkstatt auf Hochglanz bringen, putzen, aufräumen […]

Und dann?
Dann waren wir, die im 1. Lehrjahr standen, mit dem Brotzeitholen dran. In der Setzerei waren ja immerhin rund 60 Mitarbeiter. Da mussten wir runter in die Kantine und die Brotzeit rüberschleppen […] Zwei Lehrlinge für die Frühschicht, zwei für das Mittagessen und einer für die Spätschicht. Als von den fünf Lehrlingen plötzlich drei länger krank wurden, mussten wir zwei Übriggebliebenen dreimal am Tag Brotzeit holen, das heißt wir waren rund 5 Stunden mit dieser Tätigkeit beschäftigt. Das wurde erst geändert, als der Meister im täglichen Berichtsheft las, dass wir zwei Lehrlinge außer Saubermachen und Brotzeitholen fast nichts anderes taten.

Und dann waren Sie fertig?
Ja, im Herbst 1963 war meine „Gautschfeier"! Das ist die Lossprechung der Setzerlehrlinge, wodurch sie zu Gesellen werden und erst so richtig in die Zunft der „Schwarzen Kunst" aufgenommen werden.

Wie geht das vor sich?
Der „Gautschmeister", ein fertiger Geselle vergangener Jahre und seine Helfer, laden die fertigen Lehrlinge vor versammelter Belegschaft auf einen offenen Platz im Betrieb, wo der große „Gautschbottich" voll Wasser aufgestellt ist. Nach Verlesung der Namen und aller Formalien werden die Lehrlinge dann „gegautscht", d. h. ins Wasser des Bottichs getaucht, aus dem sie als Gesellen wieder heraussteigen.

Historisierender Gautschbrief für Peter Wagner vom Oktober 1964.

BAUVEREIN, GROSSDRUCKEREI UND „KLEIN-VENEDIG"

Historische Gautschfeier bei Thiemig am 1. Oktober 1965. Peter Wagner als Gautschmeister mit Urkunde. Er und Gehilfen in historisierenden Kostümen vor Thiemig-Belegschaft auf der Laderampe im Hof des Firmengebäudes.

Das war wohl eine rechte Gaudi?
Der größere, „feuchtfröhliche" Teil folgte erst noch im Anschluss! Die Ausrichtung einer zünftigen „Gautschfeier" gehörte im Betrieb zu den „Highlights". Zwei Jahre später war ich selbst Gautschmeister.

---

1 Grundlage des Kapitels ist die Dokumentation „Tanz der Vampire. Karl Thiemig AG 1951 – 1986." Herausgeber: IG Druck und Papier. Landesbezirk Bayern. Ortsverein München. Text: Carla Meyer. München 1986
2 Industrie und Handel. Mitteilungsblatt der Industrie- und Handelskammer München. 18. Jahrgang. (1962), Nr. 23, S. 24
3 Sven Loerzer: Thiemig-Sanierer zu zwei Jahren verurteilt. Bewährungsstrafe wegen fortgesetzter Steuerhinterziehung für Paul-Josef Barb. In: Süddeutsche Zeitung vom 21.6.1986

„Klein-Venedig" am Mühlbach – das Quartier an der Mondstraße

Fast zeitgleich mit dem Dienstantritt des ersten Bezirksinspektors der Vorstadt Giesing, Anton Gaiser, wurde das Quartier südwestlich der Gaststätte Loherwirt bis hin zum Mühlbach vom 1. Januar 1877 an mit dem Namen Mondstraße benannt. Gaiser leitet die Benennung von „nach ihrer im Grundriss einer Mondsichel ähnelnden Gestalt" ab, die „in ihrer Brechung einen freien Platz bildend [...] die Lohstraße mit der Bergstraße" verbinde. Dieser freie Platz bilde ein Quadrat von 30 x 30 Metern; an ihr befänden sich „23 nur aus gleichförmigen zweistöckigen Wohngebäuden bestehende Anwesen [...] im geschlossenen Bausystem".[1]

Bereits vor 1880 sind in der Mondstraße drei Gaststätten, zumindest Hausnummern mit Schanklizenzen, ausgewiesen: Mondstraße 2 mit dem Eigentümer und gleichzeitigen Wirtschaftsführer Georg Gruber (1876) und Mondstraße 28, „zur Lohwiese" mit dem Eigentümer und Wirtschaftsführer Anton Firnkäs (1875). Ferner sei auch im Anwesen Mondstraße 14 in den Jahren 1876 bis 1878 die Wirtschaft „zum Bach" betrieben worden.

Auf das Jahr 1875 datiert die Errichtung der Kinderbewahranstalt an der Mondstraße 12 des „Krippenvereins für die Vorstädte Münchens rechts der Isar". Ein Erweiterungsbau an der Lohstraße erfolgte im Jahr 1932. Das Rückgebäude der alten Anstalt wurde dabei abgebrochen. Stark engagierte sich im Krippenverein, der gegen die Verwahrlosung der Arbeiterkinder in den Vorstädten gegründet worden war, Julia Kester (geb. Ashton, 1847 – 1931), die Gattin des politisch für Giesing vielfältig aktiven Lederfabrikanten Ludwig Kester (1839 – 1912), die unweit in der Pilgersheimer Straße wohnten. In Obergiesing waren entsprechende Gründungen unter der Leitung der Armen

Schulschwestern in den Jahren 1845, 1865 und 1871/72 an der Kistlerstraße 5 vorausgegangen.

Die Mariannen-Apotheke

Haus Nr. 14 in der Mondstraße war nach Angaben der Bayerischen Apothekerkammer seit 1. April 1963 die „Mariannen-Apotheke". Inhaberin als Apothekerin war eine Frau Martini, von der Gertrud Fuchs die Apotheke 1973 gepachtet und später gekauft hat. Nach Aufhebung der Apotheke im August 2000 hat sich dort eine Logopädie-Praxis niedergelassen.

Als mit dem bayerischen Denkmalschutzgesetz (1973) historische Bausubstanz wieder gewürdigt wurde, gewann auch das Quartier an der Mondstraße neue Liebhaberinnen und Liebhaber. Von der intimen, fast dörflich anmutenden Atmosphäre berichtet anschaulich auch die ehemalige Apothekerin Gertrud Fuchs. Insbesondere der Platz um den großen Ahornbaum an der Mondstraße und die Idylle am Mühlbach war beliebter Drehort zahlreicher Filmaufnahmen, etwa mit dem bekannten bayerischen Schauspieler Gustl Bayrhammer. Frau Fuchs erinnert sich: „Ich war nach Dienstschluss noch länger in der Apotheke, um etwas aufzuarbeiten […]. Dann habe ich die bereits geschlossenen Fensterläden geöffnet. Das muss wohl die Dreharbeiten gestört haben und der Bayrhammer hat mich z´sammg'schissn: ,Mir sann doch grad am Drehn!' Die Aufnahmen dauerten dann bis vier Uhr morgens!" Auch der bekannte Autor und AZ-Lokaljournalist Sigi Sommer (Roman „Und keiner weint mir nach") hat vorbeigeschaut. Ihn haben ja zahlreiche Kindheitserinnerungen, als er in der Mondstraße 46 bei Verwandten „untergestellt" war, mit seinen Untergiesinger Spezln verbunden.

Mariannen-Apotheke (1963 – 2000) in der Mondstraße 14.

Mariannen-Apotheke im Giesinger Berg mit Hl. Kreuz-Kirchturm im Hintergrund.

Es entstand dort eine Art „Kreativszene" mit Künstlermärkten („Mühlbachtage") und eigenen Quartierfesten: „Klein-Venedig" am Mühlbach.

Thomas R. und die „Bachauskehr"

Er kam am 19. April 1955 als „Hausgeburt" in der Mondstraße Nr. 12 zur Welt und hatte zwei ältere Schwestern, Christa (1951) und Johanna (1953), die in der Frauenklinik in der Maistraße zur Welt gekommen waren und später die Agilolfingerschule in Untergiesing besuchten.

Das Haus am Mühlbach hatten die Großeltern 1929 erworben und betrieben dort ein Milchgeschäft, das bis 1966 existierte.

Thomas R. erinnert sich: „Die Lastwagen haben morgens um 5 Uhr die 100 Liter Milch angeliefert und die Metallkannen lärmend vor dem Haus abgestellt. Dann war es mit dem Schlafen erst einmal vorbei! […] "

Das Haus trug die Nummer 12 der ehemaligen Kinderbewahranstalt und war 1886 in den Mühlbachsand gesetzt worden, weshalb es immer Mauerfeuchte anzog. Der Milchladenraum diente später als Farbenlager; Christa R. hatte sich dort – sie hatte Gestaltung und Drucktechnik an der Fachhochschule studiert – ihr erstes Atelier eingerichtet. Sie hielt Radierungskurse an der Münchner Volkshochschule und bekam später eine Anstellung an der Fachoberschule für Gestaltung und Soziales in Giesing. Aus dieser Zeit datiert auch ihr Engagement für die „Mühlbachtage", mit denen Künstler und Kreative dem Quartier an der Mondstraße eine eigene Identität zu geben versuchten.

Wegen Streitigkeiten über die Nutzung des Hauses hat Thomas R. die Zwangsversteigerung betrieben. Die neuen Eigentümer erhielten im Jahr 2014 die Genehmigung zum Abriss und Neubau (mit Betonfundament) und bewohnen diesen seither. Der ehemalige Ladeneingang blieb beim Neubau erhalten.

Thomas R. hat 50 Jahre im Haus Mondstraße 12 am Mühlbach gelebt. Er ist zur Schule den Berg hinauf in die Silberhorn- bzw. Icho-Schule gegangen, dann in das Maria-Theresia-Gymnasium am Regerplatz in der Hoch-Au und wechselte später an das Luitpoldgymnasium im Lehel. Als Zivildienstleistender fand er den Weg zur Deutschen Friedensgesellschaft und nach Abschluss seines Politikstudiums mit dem Magister Artium 1983 – unterbrochen von vielerlei lebensnotwendigen Hilfsarbeiten – führt er heute die Geschäfte von deren Helmut-Michael-Vogel-Bildungswerk. Er ist ein namhafter Pazifist in München.

Er erinnert sich an seine Kindheit:
„Unser Grundstück Mondstraße 12 grenzte ja an der Rückseite an den Auer Mühlbach… es führten zwei gemauerte Treppenstufen runter, man konnte früher das Wasser mit dem Kübel aus dem Auer Mühlbach holen… wenn Bachauskehr war, sind wir die zwei Treppen runter g'sprunga und anschließend wieder raufgeklettert… für alle Buam aus der Nachbarschaft war des ‚s größte Abenteuer, wenn Bachauskehr war: Von der Mondstraße in Bach runter… Linksrum ging's in Richtung Tierpark unter den Häuserzeilen durch… Hinter der Lohstraße ist der Bach ja offen verlaufen… man konnte im Bachbett bis zur Bäckermühle laufen…

Richtung Au war es eigentlich noch aufregender… da war man lang unter den Häusern/unter der Straß' unterwegs und auch unterhalb des Giasinga Bergs… Natürlich hat man a Taschenlampn braucht und auch Gummistiefel… ois is stockfinster g'wesen und voller Spinnweb'n… mia san bis zur Taubenstraße vor und bis zur ehemaligen Paulanerbrauerei…

BAUVEREIN, GROSSDRUCKEREI UND „KLEIN-VENEDIG"

„Man hat auf und ab laufa kenna und dabei des ‚ganze Glump' g'sehn… Vor allem Flaschen und Glasscherben… Meine Leit ham immer g'sagt: ‚Passt's auf!', aber des konnten sie uns ned ausreden… Fahrräder waren da oft dabei… und einmal a Moped… Mein ‚größter Fund' war aber a Pistoln (in der Näh von der Taubenstraße)… die hat ausg'schaut wia a echte… und brav und anständig wi ma damals war'n, san ma zur Polizei g'ganga am Mariahilfplatz… Da Polizist hat g'sagt: ‚Guat habt's es g'macht, Buam, aber des is nur a Schreckschusspistol'n!' …"

„Am Wehr/am Kanal an der Marienklause kann man den Auer Mühlbach absperren… das Wasser läuft dann in den Werkskanal der Isar… man kann nur dort absperren, weiter unten gibt es keine Möglichkeit mehr dazu… Traditionell wurde dies immer im Oktober gemacht… eine Woche lang… Dutzende von Männern sind dann ang'rückt und ham an der Brück'n über'n Auer Mühlbach an der Mondstraß' den ganzen Haufen Glump z'sam trag'n… dann san die Bagger angerückt und mit Lastwagen wurde des Ganze abtransportiert…

Im ersten Jahrzehnt des neuen Jahrhunderts („2000er Jahre") wurde die Bruckn an der Ohlmüllerstraße generalsaniert (den Nockherberg rauf… dort wo die Trambahn fahrt)… dann war der Auer Mühlbach drei Monate lang abg'sperrt… natürlich hat sich da ein großer Haufen an Dreck, Brettln, Fahrrädern usw. angesammelt… das Ganze ist mehrere Wochen offen rumg'legen… dann san die Ratt'n gekommen… Ich hab dann bei der zuständigen Stelle angerufen: ‚Wollt ihr ned den angesammelten Dreck abhol'n? Des ist ja des reinste Ratten-Eldorado am Auer Mühlbach!'… Erst hat sich nichts getan… Die Ratten san bis auf unser Grundstück… I hab mi dann an d'Rattenverfolgung g'macht… bis die zuständige Stelle doch endlich reagiert hat…" Das Gespräch mit Thomas R. führte Liane Reithofer.

Alfons Scharf, rechts, (†) in seinem „Gäu" am Mühlbach.

Reste eines Herbergen-Ensembles

Nördlich vom Mondstraßen-Quartier und an der Ostseite des Mühlbachs, der dort schon durch die Überbauung der Städtischen Abwasser-Entsorgung gedeckelt ist, existieren noch die Reste eines Herbergs-Ensembles mit der Straßenbezeichnung „Am Mühlbach", die einen Eindruck von der früheren Herbergen-Bebauung der Giesinger Lohe vermitteln können. Sie bestehen heute aus den Hausnummern 3, 5 und namentlich aus dem Blockhaus 4a, das in seiner Grundsubstanz vermutlich aus dem 17. Jahrhundert stammt und in einem „Heurathsbrief" von 1767 im Bestand von 1717 datiert ist. Es wurde 1994 und in den Folgejahren vom damaligen Eigentümer Alfons Scharf von Grund auf saniert und für die Gegenwart bewohnbar gemacht. Scharf

BAUVEREIN, GROSSDRUCKEREI UND „KLEIN-VENEDIG"

Seit über 300 Jahren steht das Blockhaus Am Mühlbach 4a im Sand des Mühlbachs. Vor fast 30 Jahren wurde es von Alfons Scharf mit viel Mühe und Fantasie aufwändig renoviert und wieder bewohnbar gemacht.

(1929 – 2006) war Ingenieur, Restaurator und auch Schauspieler mit Ruth Drexel und Toni Berger, hatte das „Häusl" zu seinem Alterswerk gemacht, dafür 1996 den städtischen Fassadenpreis erhalten – außerdem eine „Belobigung" des Landesdenkmalamts – und es zusammen mit dem Giesinger Berg und dem Mühlbach als Mitglied des Vereins „Freunde Giesings" Interessierten bei Führungen zugänglich gemacht. Zum Jubiläum „150 Jahre Eingemeindung Giesings nach München" hat er im Jahr 2004, schon gehandicapt durch einen Schlaganfall, seine umfassende Dokumentation der Sanierung für eine Buchveröffentlichung freigegeben.[2]

---
1 Gaiser a.a.O. Seite 22 f.
2 Heinz Haftmann, Willibald Karl, Alfons Scharf: Giesing – Bauen, Bach und Berg. Vom dörflichen Leben um 1800. München 2004; Willibald Karl (Hrsg.): Giesinger Köpfe. München 2008, Seite 133 f.

Untergiesinger Köpfe und „a Giasinga G'wachs"

Untergiesinger Köpfe

Wolftregil dürfte der Name des ersten „Untergiesingers" gewesen sein. Im Jahr 957 soll er seine Mühle zu Giesing dem Freisinger Bischof geschenkt haben. Von den späteren Inhabern, „Pächtern", ist der Name „Schrafnagl" an der Mühle und am buckligen Weg hinauf ins Bauerndorf erhalten geblieben. So sind auch weitere Personennamen von Mühlen- und Gutsbesitzern – Pilgram, Rieger, Fleischmann – überliefert, die mit dem heutigen Untergiesing nichts mehr zu tun haben, aber immerhin an Straßennamen – Pilgersheimer Straße (Pilgram) – hängen geblieben sind. Am ehesten vielleicht noch Wolfgang von Windsberger, der Gutsbesitzer auf Schloss Birkenleiten, der immerhin ein paar Jahre Vorsteher der Ruralgemeinde Obergiesing gewesen ist. Dieses Amt hatte auch der Ortsvorsteher der Lohe, der Krämer Joseph Beutl und der Müller Oswald inne; in die erste Hälfte des 19. Jahrhunderts gehört auch noch die Familie um die Lehrer und Gemeindeschreiber Joseph und Max Aigner sowie Frau Aigner als Ladeninhaberin in der Lohstraße und – mit unterschiedlichen Pächternamen, z. B. Petuell – der „Loher-Wirt". In dieser Gastwirtschaft an der scharfen Kurve von der Bergstraße zur Lohstraße und Kupferhammerstraße unterhalb des Giesinger Bergs war das Zentrum des Ortsteils Lohe, man könnte sagen: Untergiesings, bevor es Untergiesing gab. Auch Franz Kester, ursprünglich Perückenmacher, aus Frankfurt kommend, hatte sich als Direktor der Eichthalschen Lederfabrik schon an der Pilgersheimer Straße niedergelassen.

Aus der Eingemeindungszeit haben wir auch Aufschluss über die soziale Unterschicht der Ruralgemeinde Obergiesing, da uns eine Belegliste der „Pfründner-Anstalt" (ehemals Bäckerstraße 1), also ein Namensverzeichnis von 31 „Dorfarmen" überliefert ist. Grund dafür war das Vorhaben der Stadt München, die defizitäre Einrichtung, die man notgedrungen bei der Eingemeindung übernommen hatte, aufzuheben, was zunächst unterblieb. Die Einrichtung des als Ersatz-„Armenhaus" projektierten St. Martinsspitals am Ostfriedhof musste allerdings noch über 30 Jahre warten. Dort auf dem Ostfriedhof sind auf eigenen Gräberfeldern zahlreiche Namen der Niederlassungen Au und Giesing der Armen Schulschwestern und der Niederbronner Schwestern (Pfarrschwestern, ambulante Krankenpflege) sowie der Barmherzigen Schwestern (Elisabethinerinnen) vom Armen- und Altenstift St. Martin erhalten.

Aus Aufzeichnungen der „Jugenderinnerungen" des Bäckers und langjährigen Kirchenpflegers Joseph Scharrer (†1929) kennen wir nicht nur seinen Urgroßvater, den Bäcker Paul Schratzenstaller aus der Lohstraße (gegenüber der Metzgerei Furtmaier), sondern auch zahlreiche Personen aus den Jahren vor und nach der Eingemeindung. Darunter waren etwa auch Altgiesinger Originale, wie der „Lerchdamerl", der sprachbehinderte Schusterssohn Thomas Lerch aus der Nachbarschaft, der „Lakamoarfranzl", der „Pfefferleckerl", die Brüder Karlenzl und der Kohlenberger; auch eine „Tintnliesl" trug zum Gaudium der Giesinger Kinder bei. Die „Froscherlasti" war die letzte Kerzlerin an der alten Giesinger Kirche und die Frau Socher, ebenfalls aus der Lohstraße, wurde 103 Jahre alt und hatte bis wenig Jahre zuvor noch einen Stand auf dem Münchener Kripperl-Markt betrieben.

Und in der Birkenau – der Isar zu – war ab etwa 1835 eine Kleinhaussiedlung von Handwerkern und Taglöhnern entstanden, die erst später zur Fiaker- und Geflügelzüchter-Siedlung wurde. Die Namen der Ersteigentümer sind durch eine Beschwerde über die mangelhaften öffentlichen Verkehrswege bei der Gemeindeverwaltung und beim Landgericht ob der Au amtskundig geworden: Johan Banghofer (Pankhofer), Matheus Rauper, Mathias Rasp, Anton Schwaiger, Xaver Brunner, Lutwic Hohensteiger, Georg Berghofer, Servatius Janz und Georg Braitenlechner, wobei die beiden letzteren nur mit Handzeichen signiert hatten, da sie offenbar des Schreibens noch unkundig waren.

Ihnen sind auf die Jahrhundertwende zu durch häufigen Besitzwechsel zahlreiche Geflügelmästereien (Rampf, Luft, Anzfelder, Kreitmeir, Birth, Scheidmaier, Wintermeier, Wimmer) und Lohnkutschereien/Fiaker (Ritzer, Schacher, Wagner, Aichner, Weber, Böckler, Pichler, Schmucker, Friesenegger, Pockmair, Hauck , Rustufer) nachgefolgt. Letztere wandelten sich im 20. Jahrhundert häufig zu Taxiunternehmen. Nicht zu vergessen ist die Stein- und Marmorschleiferei der Familie Karl Schiffmann, die hier (Birkenau 25) seit über 100 Jahren ansässig ist.

Erst mit der Eingemeindung 1854 gibt es – für die „Vorstadt" insgesamt – ein Einwohnerverzeichnis, das allerdings nur die Hauseigentümer bzw. Haushaltsvorstände beinhaltet und noch keine Trennung zwischen den Realitäten ober- und unterhalb der Hangkante aufweist. Die Folgejahre bringen mit der Veramtlichung der Straßennamen städtische Prinzipien in die eingemeindete „Vorstadt". Diese neue Ordnung spiegelt die Bestandsaufnahme des ersten städtischen Bezirksinspektors Anton Gaiser aus dem Jahr 1883 wider. Denn mittlerweile waren nicht nur die zehn Giesinger Gemeindedistrikte – fünf davon unterhalb der Hangkante – mit namentlichen Vorständen bekannt: Josef Rampf, Gänsehändler (I), Chrysostumus Riegg, Bäckermeister (II), Simon Weber, Krämer (III), August Killer, Hutmacher (IV) und der Schankwirt Josef Pürzer (V). Auch in den Gewerbebetrieben verdichtet sich die Bewohnerstruktur erheblich, besonders durch die Vergabe von Schankrechten und die Führung zahlreicher Kleingaststätten, die oft an eine Person vergeben wurden: Allein 30 waren das in der Lohe, Birkenau, Pilgersheimer- und Freibadstraße. Vergleichbares geschah nach der Ansiedlung vieler Gärtnereien durch Aufteilung der landwirtschaftlichen Betriebsflächen des ehemaligen Schlossguts Birkenleiten und des in der Niederung gelegenen Schatzlguts (Gebharthof).

In der Birkenleiten sind sodann zu nennen: der Fabrikbesitzer Carl Borst (Garnfabrik, 1959), die Metallfabrikanten Karl und Anton Ungerer, ihr Prokurist Eduard Bandel, der Ingenieur Max Bayer, der Kutscher Martin Ortlieb und der Hausmeister Matthias Doll sowie die Nachfolgefirmen auf dem Schloss- und Fabrikgelände (Adler, Zellerer, Baumann u. a.). Auf den südlich anschließenden Villen kommen die Familienangehörigen der Gründerfirmen oder deren Nachfolger wie der Reserveoffizier im Ruhestand, Konrad von Baßus, der Hofgoldschmied und Juwelier Karl Winterhalter, der Fabrikant Simon Eckart und die „Müller-Dynastie" Kraemer (1863 – 2007) hinzu.

Weitere ansehnliche Personengruppen, die auch namentlich hervortraten, waren seit 1909 die Genossen des Giesinger Bauvereins, besonders in Vorstandschaft und als Funktionsträger, ebenso die des Kirchenbauvereins St. Franziskus, des Klerus, der Kirchenverwaltung, später des Pfarrgemeinderats, der Aktiv-Personen der katholischen Vereine und Verbände (Werkvolk/KAB, Frauengemeinschaft/KFG), einschließlich des Marianums und anderer katholisch-karitativer Einrichtungen.

Ein weites Feld wären zudem die Sportvereine mit ihren wechselnden Vorständen, Trainern und Mitgliedern, allen voran der TSV Turnerbund, der seit den 20er-Jahren eine eigene Turnhalle Ecke Pilgersheimer- und Kupferhammerstraße besaß, die auch Ort zahlreicher geselliger und kultureller Veranstaltungen unter der Leitung seines „Festwarts" Willi Döhler – aus der gegenüberliegenden Freibadstraße – und seines „Männerballetts" wurde. Döhler (1905 – 1973), noch vor dem Ersten Weltkrieg Vollwaise, konnte durch Förderung seiner Großeltern Kunst studieren (Meisterklasse Karl Caspar) und wurde mit München- und Giesinger Vorstadtmotiven ein populärer Holzschnittmeister seiner Zeit. Auch sein Freund und Nachbar, der Mayr-Sepp (1916 – 2000), späterer Ehrenvorsitzender und Sponsor des „Turnerbunds" war als „Freibadstraßler" im Schatten der Bahntrasse aufgewachsen, ebenso wie Franz Eigl, der als 12. Kind der Schreinersehleute Anna und Franz Xaver Eigl am 13. Oktober 1908 am Hans-Mielich-Platz geboren worden war. Erst mit einer Wohnung bei seinem Arbeitgeber, den AGFA-Werken in der Perlacher Straße, wurde er 30 Jahre später zum Obergiesinger und nach weiteren 20 Jahren in seinem neuen Viertel für über 20 Jahre zum Bezirksausschussvorsitzenden. Prominentester Fußballer aus Untergiesing war Ludwig („Lutte") Goldbrunner aus der Cannabichstraße, der allerdings dem FC Bayern angehörte und nicht den „Blauen".

Stellvertretend für viele andere „Sportler" sei hier aber Franz Hager genannt und ihm als Zeitzeuge ausführlich das Wort gegeben.

Mit dem 1979 nach einer Stadtteilkulturwoche des Kulturreferats der Landeshauptstadt München gegründeten Vereins der „Freunde Giesings" traten eine Reihe von Personen neu an die Stadtteilöffentlichkeit. Von Ihnen sei besonders genannt Günther Dieffenbach aus der Cannabichstraße, der viele Jahre deren Geschichtsarbeitskreis moderierte und Alfons Scharf mit seinem „Häusl", Am Mühlbach 4a, beide schon verstorben. Aber auch Rosemarie Raab-Becker und ihr Gatte Ulrich Becker aus der Lohstraße sollen nicht unerwähnt bleiben, da sie sich viele Jahre um Zeitzeugendokumente bemüht und diese auch teilweise verfilmt haben.

A „Giasinga G'wachs"

Was zeichnet ein richtig einheimisches „Gwachs" aus? Einmal gepflanzt, bleibt es an seinem angestammten Ort, und im Idealfall ist es dort tief verwurzelt. Wenn „dees amoi" nicht auf den Hager-Franze zutrifft…

Sein erstes Lebensjahr verbrachte er zwar noch in Ebenhausen/Zell/im Isartal, doch im Jahre 1926 zogen seine Eltern mit dem damals einjährigen Franz nach München – genauer gesagt: nach Untergiesing. Dieser Stadtteil sollte zu seiner Heimat werden, hier hat er sozusagen Wurzeln geschlagen, in privater und beruflicher Hinsicht. Am Fuße des Giesinger Bergs wurde auch der Grundstein gelegt für seine große Liebe zum Sport: „Fußball war und ist mein Leben", und natürlich wurde er zu einem „Blauen" (1860 München) – genauso, wie es sich für einen „Giasinga Buam" gehört.

Doch wie hat dies alles angefangen? Franz Hagers Mutter hatte während des Ersten Weltkriegs in Berlin gelebt, wo sie bei einem Rechtsanwalt ihren Lebensunterhalt verdiente. Der Jurist besaß eine Sommerresidenz in der Nähe von Ebenhausen.

Nachdem ihr erster Mann tödlich verunglückt war, heiratete sie einige Jahre später erneut, und aus dieser Ehe gingen vier Kinder hervor: Zwei Mädchen und zwei Jungen – Franz war ein „mittleres Kind". Sein Vater arbeitete als Baggerführer beim Bauunternehmen Heilmann & Littmann.

Familie Hager bezog eine Fünf-Zimmer-Wohnung mit Küche im ersten Stock des Hauses an der Pilgersheimer Straße Nr. 62 (Ecke Jamnitzerstraße; heute ist dort im Erdgeschoss ein Optikergeschäft untergebracht). Drei Familien mussten sich eine Etagentoilette teilen und auf dem Flur gab es einen Brunnen, der die Mieter mit fließendem Wasser versorgte. Das Haus gehörte dem Konsumverein München-Sendling, einer sozialdemokratisch orientierten Genossenschaft, die in der NS-Zeit verboten wurde.

Fünf in etwa gleichaltrige „Buam" wohnten unter dem selben Dach, und das Zentrum ihrer Freizeitaktivitäten befand sich am nahe gelegenen Jakob-Gelb-Platz.

Gleich gegenüber, an der anderen Ecke der Kreuzung Pilgersheimer- und Jamnitzerstraße, befand sich die „Gaststätte Schusterwirt", ein wichtiger Treffpunkt im Viertel: Hier trafen sich in erster Linie „Sozis" und „Schwarze", Arbeitnehmer und Gewerkschaftler, Nationalsozialisten waren eher seltene Gäste. Das Lokal verfügte über eine Tischkegelbahn, und Franz Hager verdiente sich regelmäßig ein paar Zehnerl mit dem Wiederaufstellen der Kegel. Dabei bekam er zwangsläufig mit, wie die Gäste politisierten – auch sein älterer Bruder Herbert und – natürlich – Fußball war auch immer ein wichtiges Thema! Während sein Vater mit dem FC Bayern sympathisierte, schlug das Herz des Sohnes schon früh für den TSV 1860 München.

Nach dem Abschluss an der Agilolfingerschule wollte Franz Hager bei der Fa. Deckel eine Lehre als Werkzeugmacher beginnen. Doch der Ausbruch des Zweiten Weltkriegs kam ihm dazwischen.

Bei seinem Fronteinsatz kam er 1944 in russische Gefangenschaft. Im Gefängnis hatte man den Inhaftierten die Kleidung weggenommen und sie mussten barfuß im Drillichanzug zu Fuß bis nach Minsk gehen. Nach einigen Wochen in einem Quarantänelager wurden die Männer in Waggons verfrachtet, und nach sechstägiger Fahrt kamen sie 250 km südöstlich von Moskau an, wo sie in einem Arbeitslager Sägearbeiten auszuführen hatten. Durch die extreme Kälte erlitt Franz Hager Erfrierungen an den Extremitäten, sodass ihm beinahe einige Finger und Zehen hätten amputiert werden müssen. Nach Kriegsende wurde der Großteil der Gefangenen in Güterwaggons verladen und nach Westen transportiert. Über verschiedene Haltepunkte gelangten sie nach Marburg an der Lahn, wo ein Transport zusammengestellt wurde, der sie nach Bayern führen sollte. In Hanau stieg die Gruppe der Heimkehrer um Franz Hager aus und läutete an einer Tür, wo ihnen ausgerechnet eine gebürtige Münchnerin öffnete. Nach einer Woche Aufenthalt, in der sie mit neuer Kleidung ausgestattet und ausreichend Nahrung aufgepäppelt wurden, fuhren sie mit der Bahn nach München. Am Hauptbahnhof angekommen, stellte sich natürlich die Frage: „Wie kommen wir jetzt nach Giesing?" Mit der Tramlinie 12 fuhren sie zur Humboldtstraße und liefen zu Fuß weiter die Pilgersheimer Straße entlang. „Das Haus steht noch", stellte Franz Hager erleichtert fest, als er gegen 21.30 Uhr an der Ecke Jamnitzerstraße angekommen war. Doch am Klingelschild stand ein anderer Name. Er läutete bei den ehemaligen Nachbarn und man teilte ihm die freudige Nachricht mit: „Franzi, denk da nix, deine Leit san alle noch da!" Man führte ihn zur Arminiusstraße 27, wo ihm seine Schwester die Tür öffnete: „Wart a bisserl… I sag da Mutter, dass a Russ da is!" Der 20-jährige Franz war aus dem Krieg heimgekehrt!

Die Mesnerfamilie hatte den Hagers diese Wohnung vermittelt. Die Wohnung war ausgebombt und auf dem Dach des Hauses lag noch der Schutt. Trotzdem war man froh, eine neue Bleibe gefunden zu haben. Noch am selben Abend holte der Vater ein Matratzengestell, „damit der Bub a Bett hat!"

Nach seiner Rückkehr aus dem Krieg dauerte es rund sieben Monate, bis Franz Hager wieder arbeitsfähig war. Beruflich knüpfte er nun dort an, wo er vor Kriegsbeginn aufgehört hatte. Im Jahre 1946 nimmt er seine Tätigkeit bei der Firma Friedrich Deckel AG auf. Das Unternehmen war zu seiner Zeit einer der größten deutschen Hersteller von Kameraverschlüssen und Werkzeugmaschinen und hatte seinen Sitz in der Plinganserstraße 150 in Sendling. 25 Jahre lang war Franz Hager für den Kleinindustriebetrieb tätig, bis die Friedrich Deckel AG im Jahr 1971 Insolvenz anmelden musste.

Der U-Bahn-Bau erreichte in den Jahren 1971/72 seinen ersten Höhepunkt, und die Stadt München suchte Handwerker und Techniker, die in diesem Sektor tätig sein sollten. Franz Hager nahm diese Herausforderung an und spezialisierte sich auf Installation und Reparatur der Fahrkartenentwerter.

Den jungen Franz konnte man durchaus als „Münchner Stenz" bezeichnen, denn „er hatte überall seine Madeln". Unser „Giasinga Gwachs" hat zweimal geheiratet: Seine erste Ehe ging nach neun Jahren in die Brüche. Auf einer Hochzeit lernte er seine jetzige Frau kennen, nachdem ihn Freunde ermutigt hatten: „Tanz doch mal mit ihr!" Fräulein Christl ist eine gebürtige Münchnerin, lebte zum Zeitpunkt ihres Kennenlernens jedoch in Gilching. Anfangs fragte sie sich: „Irgendwie kenne ich den… doch woher?" Die spätere Frau Hager war aktive Handballspielerin, und der Franz und sie gingen zusammen zum Fußball, saßen auf der Bank und riefen „Schwarze Sau…!"

Im Jahre 1964 läuteten schließlich die Hochzeitsglocken, und das junge Paar zog in die umgebaute Wohnung in der Arminiusstraße ein. „Aus dieser Wohnung geh i nimmer raus", war sich Franz Hager sicher. In den Jahren 1967 und 1969 kommen die Töchter Claudia und Alexandra zur Welt.

Nach und nach wird die Wohnung zu klein, doch zum Glück bietet Karl Müller, Kassier beim TSV 1860 München, Franz Hagers Vater eine neue Wohnung an. Nach dem Auszug des Vaters verbleibt die junge Familie in der angestammten Wohnung.

Erst nach der Hochzeit wurde ein Neuwagen angeschafft; zuvor hatte Franz Hager immer nur einen Gebrauchtwagen gefahren.

Die Familie ist immer gerne und regelmäßig in den Urlaub gefahren: Zelteln in Südfrankreich, die Nutzung einer Ferienwohnung im ehemaligen Jugoslawien oder Aufenthalte in Griechenland standen regelmäßig auf dem Programm: 21 Jahre lang verbrachten die Hagers ihre Ferien auf Kreta, wo sie in einem Domizil untergebracht waren, das einer Münchnerin gehörte.

Die zweite „große Liebe" von Franz Hager war natürlich der Sport: Fußball hatte und hat bis heute (2019) einen sehr hohen Stellenwert in seinem Leben. Und wie hat das alles angefangen? Im Alter von zehn Jahren „erklomm" er den Giesinger Berg, um sich im „Stadion an der Grünwalder Straße" (damals fast ausschließlich noch „60er-Stadion" genannt) das Länderspiel Deutschland gegen Finnland anzusehen, in dem die heimische Auswahl den Sieg mit 6:0 verbuchen konnte.

War es eher Zufall oder doch Methode, dass Franz Hager seine aktive Fußballkarriere bei den Löwen begonnen hat? Im Alter von zehn bis dreizehn Jahren spielte er in der Jugend des TSV 1860 München.

Der Vorsitzende des FC Viktoria (ein Fußballverein, der seinerzeit in München über großes Ansehen verfügte) wohnte in der Waldeckstraße – sozusagen in guter Giesinger Nachbarschaft. Franz Hager und seine Freunde spielten dort sehr oft und gerne Fußball, wobei die Kellerfenster des Hauses als Tore dienten. Was lag letztendlich näher als ein Wechsel zu diesem Fußballverein? Im Zeitraum von 1938 bis 1948 – mit Unterbrechungen wegen Kriegsdienst und Gefangenschaft – spielte unser „Giasinga Gwachs" bei diesem Münchner Traditionsverein, der bis heute seinen Sitz in Stadtteil Sendling hat. Der Untergiesinger Ludwig Goldbrunner war zur damaligen Zeit Libero und wurde auf dieser Spielerposition zu seinem fußballerischen Vorbild. Am liebsten wäre er seinem Idol gefolgt, doch der Verein brauchte dringend einen Torhüter; somit stand Franz Hager rund zehn Jahre zwischen den Pfosten – als Torwart mit Strafraumbeherrschung.

Nach zehn Jahren aktiver Zeit verließ er den Sendlinger Fußballclub und wechselte zum S.C. Baierbrunn, denn auch dort wurde ein Keeper gesucht. Mindestens dreimal pro Woche radelte er nach Dienstschluss nach Baierbrunn zum Training. Rückblickend bezeichnete Franz Hager diese Zeit als die „schönste seines aktiven Fußballerlebens".

1953/54 musste er leider verletzungsbedingt seine rund zwanzigjährige Karriere als Spieler beenden, doch damit war mit dem Fußball noch lange nicht Schluss. Seine Tätigkeit als Schiedsrichter begann in Gilching: Er hat alles „gepfiffen", junge Fußballer sämtlicher Altersklassen, bei den Löwen, dem FC Bayern, Wacker München und vielen anderen Clubs der Region.

Am 1. Juli 1971 trat Franz Hager seinen Dienst als „Mann an der Pfeife" beim TSV 1860 München an – anfangs als aktiver Schiedsrichter und Betreuer der U 21, A- und B-Jugend, später dann als Schiedsrichterbetreuer und -beobachter. Über einen Zeitraum von zehn Jahren holte er die Schiedsrichter von der Bahn oder vom Flughafen ab, fuhr

Franz Hager auf seinem Balkon – mehr als 90 Jahre über den Dächern von Untergiesing.

sie zum Stadion an der Grünwalder Straße und stand ihnen während ihres durchschnittlich dreitägigen Aufenthalts in München mit Rat und Tat zur Seite. Die Liste der von ihm betreuten „Männer in Schwarz" liest sich wie die Crème de la Crème der deutschen damaligen Schiedsrichterriege:

Markus Merk wurde nach einem Spiel in Unterhaching von Franz Hager betreut, und nach einem Spaziergang im Englischen Garten kehrten sie gemeinsam im damaligen Weißen Bräuhaus ein. Bernd Heynemann hat sich als besonders trinkfest erwiesen: Zum Ausklang eines Gast-

UNTERGIESINGER KÖPFE UND „A GIASINGA G'WACHS"

Fußballbegeisterung – Fußballgeschichte: Hier Erinnerungsfoto an das Freundschaftsspiel Unterhaching gegen FC Bayern, Alte Liga, vom Juli 1974 mit ehemaligen „Spielergrößen" wie Dürnberger, Kupferschmidt, Streitle, Wölfle, Kunstwadl, dem „Neger" Hinterkirchner Sepp u. a. Das Spiel endete 4:7 (3:1) für den FC Bayern/Alte Liga.

stättenbesuchs wärmte sich der Magdeburger mit sechs doppelten Schnäpsen auf. Franz Hager erinnert sich an einen ausgiebigen Spaziergang an der Isar mit anschließender Einkehr in den Roiderer-Biergarten in Straßlach in Gesellschaft des FIFA-Beauftragten Hellmut Krug. An Herbert Fandel, den mehrfach ausgezeichneten Schiedsrichter des Jahres, erinnert sich besonders Frau Hager noch sehr gut: Als Fandel vor einem Spiel gerade dabei war, seine Dienstkleidung anzulegen, platzte sie in die Umkleidekabine hinein: „Na, du hast doch bestimmt schon mal an Mo in Unterhosen g'sehn?" – so die Frage, die er an Franz Hagers Ehefrau richtete.

Der TSV 1860 München stellte pro Spiel im Schnitt ein Budget von ca. 500 DM für die Schiedsrichterbetreuung zur Verfügung, und zu Zeiten des Münchner Oktoberfests war in Wildmosers Hühner- und Entenbraterei immer ein Platz für die Familie Hager und deren Gäste reserviert.

Alles in allem hat Franz Hager – in seinen verschiedenen Tätigkeiten und Positionen – rund 2.500 Fußballspiele „auf dem Buckel".

„Sechzig", „die Blauen" – und Untergiesing: Das sind Synonyme! Es war Franz Hager stets ein wichtiges Anliegen, sich in der Nachbarschaft sozial, kulturell und politisch zu engagieren. Seine Aktivitäten umfassten u. a. die Mitarbeit bei den „Freunden Giesings" und dem „Giesinger Maibaum-Verein". Bei letzterem fungierte er auch als Gründungsmitglied.

Von 1977 bis 2008 – über 30 Jahre! – war er für die SPD im Bezirksausschuss 18 Untergiesing-Harlaching tätig. In dieser Funktion brachte er wichtige und bis heute den Stadtteil immer noch prägende Errungenschaften auf den Weg:

- die Brücke am Paula-Herzog-Weg
- das Bäckermühlen-Wasserkraftwerk des Klima-Aktivisten Günter Treml
- U-Bahn-Bau (Antrag: Rolltreppe)
- Haus: Bäckerei Feiner (heute Bäckerei Wimmer)
- Haus: Münchner Schatztruhe (dreistöckig)
- der Radlweg hinter dem Candidplatz und vieles mehr.

Franz Hagers Aktivitäten für und in Untergiesing sind nicht wegzudenken!

(Die Gespräche in der Wohnung in der Arminiusstraße führte Liane Reithofer, die auch für die Aufzeichnung und Zusammenfassung zuständig war.)

Und nochmal: Untergiesing und „die Blauen"

Dem Marmorschleifer Karl Schiffmann (1903 – 1972) in der Birkenau haben zum Geburtstag 1959 – es könnte ja ein Nachgang zur „Schnapszahl" seines Fünfundfünfzigsten gewesen sein – Sportskameraden ein Gedicht gewidmet:

„Wenn jemand seinen Geist aufgibt
Und später in die Grube kippt,
So jammert alles rundherum
Und mancher scheißt sich gar nichts drum.

Mir scheint, Dein Geist ist auch schon
beim Entschweben,
So kann man vieles Dir vergeben;
Nur nicht den komischen Entschluss –
Du Carrara-Marmor-Nuss –
Dem Vereine beizutreten,
Von dem nur wenig Leute reden,
Der nur spielt bei Nacht zumeist
Und der glaub' ich – FC Bayern heißt!

Was hast Du, o greiser Mann,
Mit diesem Schritt da wohl getan?
Bist Du denn von Gott verlassen
Oder fehl'n im Schrank die Tassen?
Ein Mann wie Du, von Giesings alten Tiefen,
Dir können nur die Augen triefen,
Wenn Dein Verein, „der FC Bayern",
Wie Tränen ständig abwärts leiern!

Alle Freunde wissen's schon,
Und es ist auch Tradition,
Dass hierorts man die „Löwen" ehrt,
Die spielen gut und sind was wert!

Noch niemals wurde Murx gemacht,
Hast Du noch nie daran gedacht?
Von Sieg zu Sieg sind sie gezogen
Und ich behaupte ungelogen
Und mit flammendem Protest:
Den Bayern wird der letzte Rest
Von Giesings dargebrachter Gunst
Von den „Löwen" gründlich noch verhundst!

Mit sportlichem Gruß"

„Mehr Platz zum Leben": Bürger initiativ

Maibaumverein und „Mehr Platz zum Leben"[1]

Die Stadtentwicklungsplanung der 1970er-Jahre hat mit dem polyzentrischen Konzept auch die Dorfkerne Münchens in den Blickpunkt einer interessierten Öffentlichkeit gerückt („Dorfkernstudie" 1978). Ein Nebenprodukt war dabei die Neubelebung „identitätsstiftender Merkmale" wie etwa des Maibaums. In einer ganzen Reihe von Stadtvierteln haben sich Vereine und andere Institutionen dem Ziel, einen Maibaum aufzustellen, angenommen. In Untergiesing geschah dies im Jahr 1978 mit der Gründung des „Maibaumvereins Untergiesing e. V." durch den Geschäftsmann Josef Sterr und einer Reihe weiterer angesehener Bürger. Ziel war dabei, die Zusammengehörigkeit und die „Lebendigkeit" im Stadtviertel und die Erhaltung des bayerischen Brauchtums zu fördern. Mit der Aufstellung und der Betreuung eines Maibaums am Hans-Mielich-Platz sollte diesem Ziel gedient werden. Dazu gehörte nicht nur die Beschaffung und Gestaltung und die nach den Sicherheitsvorschriften alle vier Jahre notwendige Erneuerung eines Maibaums, sondern auch die Veranstaltung von dessen Aufrichtung mit dem zugehörigen Fest und die Regelung der anfallenden organisatorischen, juristischen und finanziellen Fragen. Schon beim ersten Maibaum mussten die Untergiesinger dem Brauch des „Maibaumstehlens" Tribut zahlen, als die Gilchinger Burschen deren Maibaum „entwendeten", ihn aber gegen die verlangte „Auslöse" – Bier und Brotzeit – mit „klingendem Spiel" wieder zurückbrachten.

Der Maibaumverein erfreut sich seit über 40 Jahren der gesellschaftlichen Anerkennung im Stadtviertel, in welchem er soziale Anliegen mit Spenden unterstützt. Kontakte pflegt man zu benachbarten Maibaumvereinen und zu Burschenschaften, die die Her- und Aufstellung von Maibäumen besorgen. Zum Jubiläum am 1. Mai 2018 fand die letzte Aufstellung eines Maibaums statt, der aus dem Allinger Forst stammt. Auf den mittlerweile verstorbenen Gründungsvorsitzenden Sterr folgte als 1. Vorstand Alfred Hierl.

Hans Mielich – der Platz-Patron (Entwurf von N. Vogl).

Hans-Mielich-Platz – „Mehr Platz zum Leben"

Obwohl seine Amtszeit 1988 bis 2004 von mehreren Großprojekten – Stichworte: Flughafen – „Neue Messe" – „Allianz-Arena" – gekennzeichnet war, hat sich der seinerzeitige Baureferent Horst Haffner (*1941) vor allem mit Plätzen und Räumen in der Stadt befasst.[2] Bereits im Jahr 1991 gab es dazu eine viel beachtete Pilotstudie, die über 400 Objekte in München umfasste. Eines davon, den Hans-Mielich-Platz in Untergiesing, hatte sich die Bürgerinitiative „Mehr Platz zum Leben" im Jahr 1997 zum Ausgangspunkt ihrer Aktivitäten ausgesucht. Durch den Bau der Braunauer Eisenbahnbrücke und der Eisenbahntrasse durch Untergiesing einerseits, die Tätigkeit des Giesinger Bauvereins und der katholischen Kirche andererseits war am Südende der Birkenau nur noch ein Torso von einem Platz übrig geblieben, der überwiegend als PKW-Parkplatz

Oben: Der „neue" Hans-Mielich-Platz: Leer nach der „verkehrlichen" Umgestaltung – „Mehr Platz zum Leben"!

rechts: Der „alte" Hans-Mielich-Platz: Verkehrs- und Parkplatz-Chaos – und wo der Weg hingehen soll. Am Rand: Melly Kieweg mit Bürgern.

genutzt wurde. Daraus einen attraktiven Quartiersplatz machen zu wollen, einen „Platz zum Leben", schien mehr als ambitioniert. Es ist nur der Zähigkeit, Kreativität und Kommunikationsfähigkeit der Leiterin der Initiative, Melly Kieweg, und ihren Mitstreiterinnen und Mitstreitern zu verdanken, dass das Vorhaben letztendlich als geglückt bezeichnet werden muss.

„Mit einem ersten großen Platzfest, am 27. September 1997, wurde dem Viertel mit buntem Programm vor Augen geführt, wie ein autofreier Platz von den Bewohnern genutzt

"Heimat ist, wo das Herz weh tut" Melanie Kieweg beim Feiern mit dem Kunstforum am Hans-Mielich-Platz.

werden kann. Im Rahmen des Festes konnten BürgerInnen von ausgestellten Entwürfen und Modellen der Platzgestaltung ihre Lieblingsvariante wählen."³

Dies war der Auftakt für vielfältige Aktivitäten, deren Ausgangspunkt der Kulturausschuss des Bezirksausschusses 18 (Untergiesing-Harlaching) und Melly Kieweg als seine nimmermüde Sprecherin sein sollte. „Bürgerbeteiligung" wurde zum Stichwort, ja zum „Zauberwort" für die Bürgerinitiative „Mehr Platz zum Leben" und das Kunstforum HMP. Während anfangs diese Form des öffentlichen, politischen und kulturellen Agierens ungewohnt schien, ist sie mittlerweile zu einer Grundform der Stadtentwicklung und Stadtplanung geworden. Jede Möglichkeit wurde und wird genutzt, um Bürgerwillen in Beteiligung umzusetzen: Stadtteilfeste, Kulturevents, Gedenktage, der „Tag des Offenen Denkmals" ... Kreativität ist Trumpf! Ja, man muss schon auf die Idee kommen, einen Christbaum, der auf den gewünschten Quartiersplatz aufgestellt wurde, gemeinsam zu schmücken und anschließend in eine Skulptur umzuwandeln, die bleiben soll oder sie als Maibaum zu einer nahegelegenen Ausflugsgaststätte zu transferieren. So wird „Kunst im öffentlichen Raum" neu geboren. Aus einem Podest entsteht ein Podium, ein „Kunstraum", aus einer einmaligen Aktion entsteht ein Kunstforum, das Künstlerinnen und Künstler ebenso bindet und verbindet wie Kunstpädagoginnen und Kunstpädagogen mit ihren Schülerinnen und Schülern an den umliegenden Schulen, an Volkshochschulen und anderen Instituten. Aus einem wilden Parkplatz und willkürlich zerschnittenen Straßenraum wird nach Auflassung einer Tankstelle und anderer Bauten ein ansehnlicher Quartiersplatz mit Ruhebänken und von Kindern und Anwohnern bemalten Blumenkübeln, mit Bodenschach – ja, den Schlüssel für die Figuren gibt's in der benachbarten Gaststätte! –, mit einem Wochenmarkt – zunächst „zur Probe" geplant, dann Dauereinrichtung, erschlossen von einem neuen Zuschnitt von Straßen, die eine naheliegende Verbindung zu umliegenden Gaststätten finden und „mehr Platz zum Leben", zu bürgerlichem Miteinander ermöglichen. Ein Fauxpas allerdings, dass die Ruhebänke am Platz zur Eröffnung dunkelrot gestrichen waren: Die Farbe des FC Bayern München! Untergiesing aber ist „blau". Die Farbe von 1860 München! Der Bürgerinitiative haben sich mittlerweile andere Räume im Stadtviertel erschlossen: Verkehrsbauten mit Lärmschutzzäunen an der Braunauer Bahnüberführung und Betonsäulen am Candidplatz zeigten sich für großflächige Graffitis geeignet und zogen namhafte Künstler an. Mit „Mehr Platz zum Leben" ist ein neues Netzwerk entstanden: Untergiesing ist lebendiger und lebenswerter geworden.

IG HMP und „Kunstforum" – Orte, Gelegenheiten, Aktionen

1 Melanie Kieweg (ViSdP): Mehr Platz zum Leben. 20 Jahre Bürgerinitiative./Kunstforum HMP. 10 Jahre Kunstforum. München 2017
2 Horst Haffner: Orte – Plätze – Räume. Vom Umgang mit der Stadt., München 2005
3 Melanie Kieweg a.a.O. Seite BI 23

"MEHR PLATZ ZUM LEBEN": BÜRGER INITIATIV

CANDIDPLATZ –
Grafitti-Galerie des „Kunstforums"

„MEHR PLATZ ZUM LEBEN": BÜRGER INITIATIV

„MEHR PLATZ ZUM LEBEN": BÜRGER INITIATIV

KOLUMBUSPLATZ –
vorher/nachher – Bürgeraktion der BI und des
Kunstforums an Unterführung und Bushaltestelle

„MEHR PLATZ ZUM LEBEN": BÜRGER INITIATIV

Quellen und Literatur

- 100 Jahre Salus. Der Natur verbunden – der Gesundheit verpflichtet. Salus Jubiläumsschrift 1916–2016. SALUS Haus Dr. med. Otto Greither Nachf. GmbH & Co KG. Bruckmühl 2016
- Akt Giesing, Stadtarchiv München
- Bauverein Giesing (Hg.): 100 Jahre Bauverein Giesing. München 2010
- Dom fr. Augustinus, Archikonvent der Templer München. München (o. J.)
- Fachbereich Architektur FHM (Hg.): Die Kleinhaussiedlung Birkenau in München-Untergiesing. Baudokumentation. München 1979
- Festschrift. 100 Jahre Schule am Agilolfingerplatz. München 2007
- Freudenberger, Josef: Geschichte der Au. München 1917
- Gaiser, Anton: Giesing. Die Vorstadt der Kgl. Haupt- und Residenzstadt München 1883 (Handschr., Transskript Archiv Freunde Giesings e. V.)
- Gartenbaugruppe Giesing-Perlach in München. 100 Jahre. 1893–1993. München 1993. Texte: Adolf Hackenberg, Georg Mooseder, Karl Wießler
- Grässel, Hans: Das städtische Volksschulgebäude Pfarrhofstraße 2 in München. München 1918, Seite 12f. – Zit. nach Westenthanner a. a. O. Seite 22, Fußnote 1
- Hackelsberger, Christoph: Das Templerschloß am Isarhang. Münchner Stadtanzeiger, Nr. 71 v. 16.9.1980
- Haftmann, Heinz/Karl, Willibald/Scharf, Alfons: Giesing. Bauern, Bach und Berg. Vom dörflichen Leben um 1800. München 2004
- Haftmann, Heinz: Das Dorf Obergiesing. München 2013
- Industrie und Handel. Mitteilungsblatt der Industrie- und Handelskammer München. 18. Jahrgang. (1962), Nr. 23
- Karl, Willibald (Hrsg.): Giesinger Köpfe. 50 Lebensbilder aus zwei Jahrhunderten. München 2008
- Karl, Willibald: Der Münchner Ostfriedhof. Von den ‚Auer Leichenäckern' zum Großstadt-Krematorium. Zwei Rundgänge. München 2011
- Karl, Willibald/Pohl, Karin: Amis in Giesing. München 1945–1992. München 2012
- Kieweg, Melanie (ViSdP): Mehr Platz zum Leben. 20 Jahre Bürgerinitiative. 10 Jahre Kunstforum Hans-Mielich-Platz. Dokumentation. München 2017
- Loerzer, Sven: Thiemig-Sanierer zu zwei Jahren verurteilt. Bewährungsstrafe wegen fortgesetzter Steuerhinterziehung für Paul-Josef Barb. In: Süddeutsche Zeitung vom 21.6.1986 (Privatbesitz Peter Wagner)
- Moreau, Ferdinand von: Das Marianum für Arbeiterinnen. In: Bayerische Caritas-Blätter. Monatsschrift für die Caritas in Bayern, Nr. 4, April 1905
- Pfarrarchiv Heilig Kreuz, München-Giesing. Bestand Marianum. Karton 1 – 31 Vereine. Fasc. 171.17 ff
- Pinzl, Richard: Die Katholisch Ukrainische Bischofskirche in München. München 1976. Pfarrarchiv St. Maria und Andreas
- Scharrer, Josef: Giesing in meiner Jugenderinnerung. (Typoskript. Archiv Freunde Giesings e. V.) München 1929
- Spengler, Karl: Mastgänse, schwarze Kanari, Fiaker, „Schwoafaufdraller". Münchner Merkur 3./4. Januar 1953, Nr. 3, S. 5
- „Tanz der Vampire. Karl Thiemig AG 1951 – 1986." Dokumentation. Herausgeber: IG Druck und Papier. Landesbezirk Bayern. Ortsverein München. Text: Carla Meyer. München 1986 (Privatbesitz Peter Wagner)
- Westenthanner, Markus: Die Giesinger Pfarrei zum Hl. Kreuz in Geschichte und Gegenwart. München 1927

Weiterführende Literatur

- Altmann, Lothar: Eine Puchheimer Lagerbaracke als Münchner Notkirche. In: Amperland 22 (1986), S. 216–218.
- Goetz-Dreher, Karin/Stein, Maria: Edelweißstraße 7 in München-Giesing. Meine Wohnung ist meine Heimat. München 2003
- Gribl, Dorle: Harlaching und die Menterschwaige. Vom Edelsitz zur Gartenstadt. München 2004
- Guttmann, Thomas (Hrsg.): Unter den Dächern von Giesing. Politik und Alltag 1918–1945. München 1993
- Guttmann, Thomas, Giesing und die Eisenbahn. München 1998
- Guttmann, Thomas (Hrsg.), Giesing. Vom Dorf zum Stadtteil. München, 4. Aufl. 2004
- Grundner, Hubert: Die Templer von Untergiesing. Armut, Weltentsagung und Stillschweigen. Eine kleine Gemeinschaft erhält die Geschichte der Tempelritter. Ein Blick hinter die Mauern. Süddeutsche Zeitung 7. Dez. 2015 (abrufbar unter: https://www.sz.de/1.2766166) (aufgerufen am 12.10.2021)
- Horst Haffner: Orte – Plätze – Räume. Vom Umgang mit der Stadt, München 2005
- Haftmann, Heinz (Hg.): Chronik von Obergiesing aufgezeichnet von Johann Nepomuk Silberhorn, Pfarrer in Obergiesing 1819–1842. München 2015
- Klimesch, Peter: Isarlust. Entdeckungen in München. München 2011
- Pfister, Peter (Hrsg.): Das Ende des Zweiten Weltkriegs im Erzbistum München und Freising. Kriegs- und Einmarschberichte, Regensburg 2005, Teil 1
- Pohl, Karin: Kulturgeschichtspfad 17: Obergiesing – Fasangarten. München 2010
- Reindl, Werner: 150 Jahre Gärtner-Verein München. München 2018
- Reiser, Rudolf: Begegnungen in München. Giesing und Harlaching. München 2021.
- Rädlinger, Christine: Geschichte der Isar in München (Hrsg. Stadtarchiv München). München 2012
- Schlierf, Werner: „Kiesgruben-Krattler". Geschichten aus einer schadhaften Zeit. München, 4. veränderte Aufl. 2004
- Verdunkeltes München. Gschichtwettbewerb 1985/86. Die nationalsozialistische Gewaltherrschaft, ihr Ende und ihre Folgen. Hrsg. v. d. Landeshauptstadt München. 3. Aufl. 1999

Belege aus dem Internet

- http://hartbrunner.de/fakten/d_fakten.php?id=4733 (aufgerufen am 14.10.2021)
- http://www.grensland-docs.nl/brondocumenten/reservelazarette-in-munchen-1914-1918/ (aufgerufen am 14.10.2021)
- https://Ordendertempler.de/ueber-den-orden (aufgerufen am 12.10.2021)

Bildnachweis

- Gaiser/Frey (priv.): 19, 25 (re. u. li.), 32, 50, 52, 56.
- Motiv-Fundus Schwarz (priv.): 20, 28 (o.); 43, 60, 61, 62 (li.), 64, 67, 69, 98 (Postkarte); 102 (Postkarte), 103, 115, 130, 133.
- Nachlass Pockmair/Reith (priv.): 83, 84, 86, 87, 93 (re., li. und u.).
- Nachlass S. Schiffmann (priv.): 88 (re. u. li.), 89, 91.
- SALUS-Haus Bruckmühl: 109 – 113.
- PA Heilig Kreuz (Marianum): 97, 99.
- PA Ukrainer: 118 (o. und u.), 119.
- Gies. Bauverein: 124.
- PA St. Franziskus: 128, 129, 131.
- Peter Wagner (priv.): 135, 136.
- Liane Reithofer (priv.): 137 (o. und u.), 147.
- Franz Hager (priv.): 148.
- BI HMP (Vogl): 152.
- BI HMP/KUNSTFORUM: 153 – 159.
- Verein Freunde Giesings e.V.: 12, 13, 14 (o. und u.), 16, 17, 27, 28 (u.), 29, 30, 33, 35, 37, 38, 39 (re. und li.), 40, 41, 42 (VFG/Priv. Döhler), 53, 62 (re.), 63 (li., Mitte u. re.), 74, 77 (o. und u.), 101, 108, 125, 127 (li., Mitte und re.), 139, 140.
- StAM: 68.